일一사寫
천千리里

상공회의소
한자
시험

6급 기본서

일一寫
천千里里

상공회의소
한자
시험
6급 기본서

1판 1쇄 발행 | 2020년 01월 03일

펴낸이 | 이석형
펴낸곳 | 새희망
편집디자인 | 디자인감7
내용문의 | stonebrother@daum.net
등록 | 등록번호 제 2016-000004
주소 | 경기도 의정부시 송현로 82번길 49
전화 | 02-923-6718
팩스 | 02-923-6719

ISBN | 979-11-88069-12-5 13710

가격 | 9,500원

우리말의 70%가 한자어로 되어 있다는 말을 많이 들어봤을 것입니다. 그래서 한자에 대한 기본적인 지식이 없을 경우, 우리말의 적절한 사용에 어려움을 느끼게 됩니다. 특히 공식 용어나 전문 용어의 경우, 대부분이 한자어로 되어 있어, 한자에 대한 지식이 부족한 분은 관공서나 직장의 업무 수행에 많은 불편함을 느끼고 있습니다. 그런 이유로 요즘 여러 기업체에서는 신입 사원에 대한 한자 실력을 중요한 판단 기준으로 생각할 뿐만 아니라, 직원들에 대한 한자 사용 능력을 향상시키기 위한 많은 노력을 기울이고 있습니다.

상공회의소는 이러한 배경에서 만들어진 상공회의소 한자 시험의 취지를 중국, 대만, 일본 등 한자 문화권 국가와의 수출 및 투자가 증가함에 따라 이에 필요한 기업 업무 및 일상 생활에 사용 가능한 한자의 이해 및 구사 능력을 평가하는 시험이라고 밝히고 있습니다.

이 책은 상공회의소 한자시험 6급에 대비하기 위하여 6급 배정한자 450자를 쓰면서 외울 수 있도록 구성하였으며, 각 한자에 대한 훈·음, 부수, 획수, 필순을 명기하고, 한자의 이해를 돕는 뜻풀이를 정리해 두었습니다. 그리고 해당 한자를 사용한 한자어를 채우며 완성할 수 있도록 하였으며, 50자마다 연습문제를 삽입하여 앞에서 배운 것을 복습할 수 있도록 하였습니다. 앞에는 기초 이론 학습과 뒤에는 모의고사문제를 실어 이 책 한권으로도 6급 시험에 완벽하게 대비할 수 있도록 하였습니다.

독자 여러분이 이 책으로 좋은 결과를 얻으시길 기원합니다. 화이팅!

편저자 씀

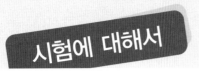

시험에 대해서

자격 종목 안내

1. 시행 기관 : 대한상공회의소(www.korcham.net)
2. 응시 자격 : 제한 없음

대한상공회의소 자격평가사업단(http://license.korcham.net): 종목소개⇨외국어/한자⇨상공회의소 한자

검정기준

구분	검정기준
6급	고려대학교 한자한문연구소가 선정한 초등학교 교육용 기초한자 600자 중에서 초등학교 5~6학년용 기초한자 450자를 이해하고 국어 생활에서 활용할 수 있다.
7급	고려대학교 한자한문연구소가 선정한 초등학교 교육용 기초한자 600자 중에서 초등학교 3~4학년용 기초한자 300자를 이해하고 국어 생활에서 활용할 수 있다.
8급	고려대학교 한자한문연구소가 선정한 초등학교 교육용 기초한자 600자 중에서 초등학교 2학년용 기초한자 150자를 이해하고 국어 생활에서 활용할 수 있다.
9급	고려대학교 한자한문연구소가 선정한 초등학교 교육용 기초한자 600자 중에서 초등학교 1학년용 기초한자 50자를 이해하고 국어 생활에서 활용할 수 있다.

구분	9급(50자)	8급(100자)	7급(150자)	6급(150자)	5급(150자)
가~길	車高工果交口 (6자)	家角建見季古故曲科光九軍今金己 (15자)	加間江去決京慶景競經界計告考公共過校求究國君基技氣記 (26자)	價可感開客結敬固功空課官觀廣敎郡近期吉 (19자)	歌街各干强個改擧犬谷骨久句救弓權貴勤根禁其起 (22자)
나~능	女 (1자)	南男內年能 (5자)	農 (1자)	念 (1자)	難勞 (2자)
다~등	大 (1자)	單同東 (3자)	多答圖島度道都冬童等 (10자)	達談對德到動洞登 (8자)	丹短堂代刀獨讀斗豆頭得 (11자)
락~립	力老立 (3자)	樂來令利 (4자)	例料里林 (4자)	落旅禮路論流律理 (8자)	卵冷良量歷連列留陸 (9자)
마~밀	馬萬面母木目文門 (8자)	名毛無民 (4자)	每命明武聞物美 (7자)	末亡問未 (4자)	滿望賣勉務舞味米密 (9자)
바~빙	夫父 (2자)	方白百法兵本不北分 (9자)	半反放番病保步服奉比非 (11자)	發別報福婦富復備 (8자)	訪防拜變飛氷 (6자)
사~십	山夕石手水身心 (7자)	事史四士三上商色生書西成世小少市示食臣失十 (21자)	師死序先線城性所消素俗習始時詩信神室實 (19자)	仕思産算想相賞席船選鮮說雪姓星省誠歲洗孫受守收數首順是式植 (30자)	使寺射殺尙仙善聲勢速送授勝施視識新氏 (18자)
아~일	兒羊魚玉王牛雨月衣人日 (11자)	言業五午外容用元原位有由六肉音邑二因一入 (20자)	安案野約藥兩洋養熱要友雲育銀意醫耳 (17자)	陽語永英完右運園油恩應義議移益引 (16자)	愛夜弱若漁易逆然硏榮藝烏屋溫往浴勇宇雄遠願爲遺飮以仁 (26자)
자~집	子自長田足主 (6자)	者全弟中眞 (5자)	字作材財爭典前展戰電定庭情政正帝朝祖鳥族種住注竹地指止紙直質集 (31자)	場再在才的傳節絶接精題調宗左重志知至進 (19자)	將章貯店第製兆助早造存卒罪宙晝走衆增支 (19자)
차~칠	天川 (2자)	次千初則七 (5자)	靑草村秋出充齒 (7자)	察參册淸體寸祝忠蟲取治致親 (13자)	着唱窓責處最追春 (8자)
쾌					快 (1자)
타~특	土 (1자)	太 (1자)		宅統通特 (4자)	打退 (2자)
파~필		八表風 (3자)	便平品必 (4자)	波片豐筆 (4자)	判敗貝皮 (4자)
하~희	行火 (2자)	下合幸兄回 (5자)	夏學海香血形化和花話畫活後 (13자)	漢韓解向鄕現惠號黃會孝效訓休興希 (16자)	河限害革協好湖虎婚貨患皇凶 (13자)

시험에 대해서

시험의 검정 기준

급수	시험시간	시험과목	문항수	과목별 총점	과목별합격점수	전체총점	합격 점수
1급 배정한자 1,607 누적한자 4,908	80분	한자 어휘 독해	50 50 50	200 300 400	120 180 240	900	810
2급 배정한자 1,501 누적한자 3,301	80분	한자 어휘 독해	50 40 40	200 240 320	120 144 192	760	608
3급	60분	한자 어휘 독해	40 40 40	160 240 320	96 144 192	720	576
4급	60분	한자 어휘 독해	40 35 35	160 210 280	없음	650	455
5급	60분	한자 어휘 독해	40 30 30	160 180 240	없음	580	406
6급	40분	한자 어휘 독해	45 30 15	180 180 120	없음	480	288
7급	40분	한자 어휘 독해	40 20 10	160 120 80	없음	360	216
8급	30분	한자 어휘 독해	30 15 5	120 90 40	없음	250	150
9급	30분	한자 어휘	20 10	80 60	없음	140	84

＊ 합격점수 : 1급(만점의 90%), 2~3급(80%), 4~5급(70%), 6~9급(60%)

＊ 과목별 1문항당 배점 : 한자(4점), 어휘(6점), 독해(8점)

＊ 전 급수 객관식 5지선다형임.

인터넷 접수절차

- 원서접수를 위해서는 자격평가사업단 홈페이지 회원가입 후 본인인증이 되어 있어야 합니다.
- 정기검정 원서접수 기간 마지막일은 18:00에 마감되며, 상시검정은 선착순마감 또는 시험일기준 최소 4일전까지 접수를 해야합니다.
- 원서접수는 인터넷접수를 원칙으로 하며, 인터넷접수 시 상공회의소를 방문하지 않아 시간과 비용을 절감할 수 있습니다. 다만 인터넷접수 시 검정수수료 외 인터넷접수 수수료 1,200원이 별도 부과됩니다.
- 또한 해당 원서접수기간 중에 시행 상공회의소 근무시간에 방문하여 접수도 가능합니다.
- 상공회의소 방문접수 시 접수절차는 인터넷접수절차와 동일하며, 방문접수 시 인터넷결제 수수료는 부담되지 않습니다.

| 1 STEP | 종목 및 등급선택 |

| 2 STEP | 로그인 |

| 3 STEP | 사진올리기 |

| 4 STEP | 원하는 지역(상의) 선택 |

| 5 STEP | 원하는 시험장 선택 |

| 6 STEP | 원하는 시험일시 및 시험시간 선택 |

| 7 STEP | 선택내역 확인 |

| 8 STEP | 전자결재 |

| 9 STEP | 접수완료 및 수험표 출력 |

목차

기초 이론 학습

한자를 익히기에 앞서 한자를 이루는 구성 요소와

한자가 예로부터 어떻게 생겨났는지,

한자를 쓰는 요령 등을 공부한다.

부수란 무엇인가?

부수란 자전에서 한자를 찾는데 필요한 기본 글자이자, 한자 구성의 기본 글자로서 214자로 되어 있다. 부수는 한자를 문자 구조에 따라 분류·배열할 때 그 공통 부분을 대표하는 근간이 되는 글자의 구실을 한다. 부수자들은 각각 의미 기능을 가지고 있다. 그러므로 부수자를 알면 모르는 한자의 뜻을 쉽게 추측할 수 있다. 부수가 한자를 구성하는 위치에 따라 분류해 보면 다음과 같다.

변 왼쪽 부분을 차지하는 부수

人	亻 인변	價 個 代 使
水	氵 삼수변	減 江 決 流
手	扌 재방변	技 指 打

방 오른쪽 부분을 차지하는 부수

| 刀 | 刂 칼도방 | 到 列 |

머리 윗부분에 놓여 있는 부수

竹	대죽머리	答 筆
艸	⺿ 초두머리	苦 落
宀	갓머리	家 官

발 아랫부분에 놓여 있는 부수

| 皿 | 그릇명발 | 益 |
| 火 | ⺗ 불화발 | 熱 然 |

엄호 위와 왼쪽을 싸는 부수

| 广 | 엄호 | 廣 |

받침 왼쪽과 아래를 싸는 부수

| 廴 | 민책받침 | 建 |
| 辶 | 책받침 | 過 達 |

에운담 둘레를 감싸는 부수

| 囗 | 큰입구몸 | 圖 四 固 |

제부수 한 글자가 그대로 부수인 것

角 車 見 高 工 口 金 己 女
大 力 老 里 立 馬 面 毛 木
目 文 門 米 方 白 父 非 飛
鼻 比 士 山 色 生 夕 石 小
水 首 手 示 食 臣 身 心 十
羊 魚 言 用 牛 雨 月 肉 音
邑 衣 二 耳 人 一 日 入 子
自 長 鳥 赤 田 足 走 竹 至
止 靑 寸 齒 土 八 風 行 香
血 火 黃 黑

5급 한자 부수별 정리 (반복된 한자는 제부수 한자임)

부수에 대한 문제는 5급까지만 해당된다. 그래서 전체 214개의 부수중 5급 한자에 사용되는 152자만 다루었다.

一	한 일	一 不 上 七 下 世 三
丨	뚫을 곤	中
丶	점 주	主
乙	새 을	九
亅	갈고리 궐	事
二	두 이	二 五
亠	돼지해머리	京 交 亡
人	亻 사람 인	人 價 個 代 使 仕 今 令 仙 備 他 以 休 來 信 位 偉 作 低 住 例 保 俗 修 便 傳 億 仁
儿	어진사람 인	元 兄 光 充 先 兒
入	들 입	入 內 全 兩
八	여덟 팔	八 公 六 共 兵 典
冂	멀 경	再
冫	이수변	冬 冷
凵	위터진 입 구	出
刀	刂 칼 도	分 初 到 列 利 別 則 前
力	힘 력	力 加 功 助 勉 動 勇 務 勞 勤 勝 勢
匕	비수 비	北 化
十	열 십	十 南 協 午 卒 半 千
厂	민엄호	原
厶	마늘모	去 參
又	또 우	反 友 受 取

口	입 구	口 可 古 句 史 右 各 吉 同 名 合 向 告 君 命 和 品 問 商 唱 單 善 喜
囗	큰입구몸	圖 四 固 回 因 國 園
土	흙 토	土 基 堂 城 在 地 場 增 報
士	선비 사	士
夂	천천히 걸을 쇠	夏
夕	저녁 석	夕 多 外 夜
大	큰 대	大 奉 夫 天 太 失
女	계집 녀	女 婦 姓 始 如 好 婚
子	아들 자	子 季 孫 學 字 存 孝
宀	갓머리	家 官 客 守 安 宅 完 定 宗 室 容 宿 害 密 富 實 察 寒
寸	마디 촌	寸 寺 尊 對
小	작을 소	小 少
尸	주검 시	展 屋
山	메 산	山 島
巛	개미허리	川
工	장인 공	工 巨 左
己	몸 기	己
巾	수건 건	常 師 席 市 希
干	방패 간	年 平 幸
广	엄호	廣 序 度 庭

廴 ▶	민책받침	建
弋 ▶	주살 익	式
弓 ▶	활 궁	強 弱 引 弟
彡 ▶	터럭 삼	形
彳 ▶	두인변	德 得 往 律 後 復
心 ▶	忄 마음 심	心 急 念 怒 感 必 志 忠 思 恩 患 悲 惡 惠 想 愛 意 慶 應 快 性 情
戈 ▶	창 과	成 戰
戶 ▶	지게 호	所
手 ▶	扌 손 수	手 舉 才 拜 技 指 授 接 打
攴 ▶	攵 등글월문	敬 收 數 改 放 故 敎 政 效 救 敗 敵
文 ▶	글월 문	文
斗 ▶	말 두	料
斤 ▶	도끼 근	新
方 ▶	모 방	方 族
日 ▶	날 일	日 景 早 明 星 是 昨 時 春 晝 暗
曰 ▶	가로 왈	曲 書 最 會
月 ▶	달 월	月 期 朝 服 望 有
木 ▶	나무 목	木 果 林 東 材 村 相 校 橋 根 極 案 業 植 榮 樂 樹 末 本
欠 ▶	하품 흠	歌 次
止 ▶	그칠 지	止 正 步 武 歲 歷
歹 ▶	죽을사변	死
殳 ▶	갖은등글월문	殺

毋 ▶	말 무	母 每
比 ▶	견줄 비	比
毛 ▶	터럭 모	毛
氏 ▶	각시 씨	民
气 ▶	기운 기	氣
水 ▶	氵 물 수	水 永 求 減 江 決 流 深 洞 治 溫 浴 油 注 漁 洋 法 氷 波 淸 漢 湖 海 活 洗 消 滿 河
火 ▶	灬 불 화	火 熱 然 無
爪 ▶	손톱 조	爭
父 ▶	아비 부	父
牛 ▶	소 우	牛 物 特
犬 ▶	犭 개 견	獨
玉 ▶	王 구슬 옥	玉 王 理 現
生 ▶	날 생	生 産
用 ▶	쓸 용	用
田 ▶	밭 전	田 界 男 由 留 番 畫
疒 ▶	병질 엄	病
癶 ▶	필발머리	登 發
白 ▶	흰 백	白 百 的
皿 ▶	그릇 명	益
目 ▶	눈 목	目 眼 省 着 直 眞
矢 ▶	화살 시	短 知
石 ▶	돌 석	石 硏
示 ▶	보일 시	示 禁 福 神 祖 祝 禮
禾 ▶	벼 화	科 私 秋 移 稅 種

穴	▶	구멍 혈	空 窓 究
立	▶	설 립	立 競 童 章
竹	▶	대 죽	竹 答 笑 筆 第 節 等 算
米	▶	쌀 미	米 精
糸	▶	실 사	結 約 給 素 紙 絶 終 經 統 綠 線
网	▶	罒 그물 망	罪
羊	▶	양 양	羊 美 義
羽	▶	깃 우	習
老	▶	耂 늙을 로	老 考 者
耳	▶	귀 이	耳 聞 聖 聲
肉	▶	月 고기 육	肉 能 育
臣	▶	신하 신	臣
自	▶	스스로 자	自
至	▶	이를 지	至 致
臼	▶	절구 구	興
舟	▶	배 주	船
艮	▶	그칠 간	良
色	▶	빛 색	色
艸	▶	艹 풀 초	苦 落 英 葉 藝 藥 花 草 萬
虍	▶	범 호	號
血	▶	피 혈	血 衆
行	▶	다닐 행	行 街
衣	▶	옷 의	衣 表 製
襾	▶	덮을 아	要 西
見	▶	볼 견	見 觀 視 親

角	▶	뿔 각	角 解
言	▶	말씀 언	言 計 記 訓 訪 設 說 詩 試 話 誠 語 調 認 議 識 課 論 請 讀 變 談
豆	▶	콩 두	豊
貝	▶	조개 패	貴 賣 買 財 貯 貨 貧 責 賞 質 賢
赤	▶	붉을 적	赤
走	▶	달아날 주	走 起
足	▶	발 족	足 路
身	▶	몸 신	身
車	▶	수레 거·차	車 輕 軍
辰	▶	별 진	農
辵	▶	辶 책받침	過 達 送 運 遠 逆 造 通 退 選 速 進 道 近
邑	▶	阝 고을 읍	邑 郡 都 部 鄕
酉	▶	닭 유	醫
里	▶	마을 리	里 野 量 重
金	▶	쇠 금	金 銀
長	▶	긴 장	長
門	▶	문 문	門 間 開
阜	▶	阝 언덕 부	陸 陰 限 防 陽
隹	▶	새 추	難 雄 集
雨	▶	비 우	雨 雪 電 雲
靑	▶	푸를 청	靑
非	▶	아닐 비	非
面	▶	낯 면	面
韋	▶	다룸 가죽 위	韓

音 ▶	소리 음	音
頁 ▶	머리 혈	頭 順 願 題
風 ▶	바람 풍	風
飛 ▶	날 비	飛
食 ▶	밥 식	食 養 飮
首 ▶	머리 수	首
香 ▶	향기 향	香
馬 ▶	말 마	馬

骨 ▶	뼈 골	體
高 ▶	높을 고	高
魚 ▶	고기 어	魚 鮮
鳥 ▶	새 조	鳥
黃 ▶	누를 황	黃
黑 ▶	검을 흑	黑
鼻 ▶	코 비	鼻
齒 ▶	이 치	齒

한자의 짜임

한자의 짜임이란 수만 자가 되는 한자를 그 성립된 구조 유형에 따라 여섯 가지로 분류한 육서를 말한다. 육서에는 상형 · 지사 · 회의 · 형성 · 전주 · 가차가 있다.

1. 상형

구체적인 사물의 모양을 본떠서 글자를 만드는 원리를 상형이라 한다.

木 ▶ 나무의 모양을 본뜸

山 ▶ 산의 모양을 본뜸

石 ▶ 언덕 밑에 돌이 굴러 떨어진 모양을 본뜸

人 ▶ 사람의 모습을 본뜸

入 ▶ 사람이 허리를 굽히고 동굴 안으로 들어가는 형태를 본뜸

子 ▶ 아이의 모습을 본뜸

鳥 ▶ 새의 모양을 본뜸

川 ▶ 시내의 모습을 본뜸

2. 지사

사물의 추상적인 개념을 본떠 만드는 원리를 지사라 한다.

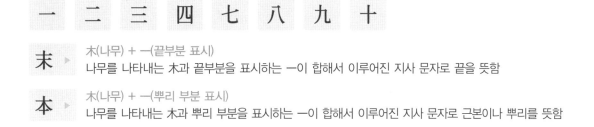

末 ▶ 木(나무) + 一(끝부분 표시)
나무를 나타내는 木과 끝부분을 표시하는 一이 합해서 이루어진 지사 문자로 끝을 뜻함

本 ▶ 木(나무) + 一(뿌리 부분 표시)
나무를 나타내는 木과 뿌리 부분을 표시하는 一이 합해서 이루어진 지사 문자로 근본이나 뿌리를 뜻함

3. 회의

이미 만들어진 두 개 이상의 글자에서 뜻을 모아 새로운 글자를 만드는 원리를 회의라 한다.

林 ▶ 木 + 木
木이 나란히 결합하여 나무가 많이 있는 숲의 뜻을 나타내는 회의 문자

孝 ▶ 老 + 子
老와 子가 결합하여 아들이 부모를 머리 위에 받들고 있는 모양의 회의 문자

4. 형성

이미 만들어진 글자를 결합하여 한쪽은 뜻을, 다른 한쪽은 음을 나타내는 글자를 만드는데, 이런 원리를 형성이라한다.

형성자는 한자의 70%를 차지하여 대개의 한자는 두 개 이상의 문자가 뜻 부분과 음 부분으로 구성되어 있다. 형성자는 뜻 부분에서 그 글자의 뜻을 생각할 수 있고, 음 부분에서 그 글자의 음을 추리할 수 있어 알고 있는 한자를바탕으로 새로운 한자의 뜻과 음을 쉽게 짐작할 수 있다.

景	▶ 日(뜻), 京(음)	界	▶ 田(뜻), 介(음)	功	▶ 力(뜻), 工(음)
空	▶ 穴(뜻), 工(음)	課	▶ 言(뜻), 果(음)	洞	▶ 水(뜻), 同(음)
頭	▶ 頁(뜻), 豆(음)	想	▶ 心(뜻), 相(음)	城	▶ 土(뜻), 成(음)

5. 전주

이미 만들어진 한자만으로는 문화 문명의 발달로 무수히 늘어나는 사물과 개념을 다 표기할 수 없게 되었다. 그러자 기존의 문자 중에서 유사한 뜻을 가진 한자를 다른 뜻으로 전용하게 되었는데, 이를 전주라고 한다.

道 ▶ 본래 '발로 걸어다니는 길'의 뜻인데, 의미가 확대되어 道德, 道理에서의 '道'와 같이 '정신적인 길'이라는 뜻으로도 쓰임

惡 ▶ 본래 '악하다'는 뜻으로 음이 '악'이었으나, 악한 것은 모두 미워하기 때문에 의미가 확대되어 '憎惡, 惡寒'에서와 같이 '미워하다'라는 뜻으로 쓰이며, '오'라는 음으로 불림

6. 가차

이미 만들어진 한자를 원래 뜻에 관계없이 음만 빌어다 쓰는 것으로 아래와 같이 외래어 표기에 많이 사용되며, 의성어나 의태어 표기에도 쓰인다.

France	▶ 佛蘭西(불란서)	Asia	▶ 亞細亞(아세아)
Buddha	▶ 佛陀(불타)	England	▶ 英國(영국)
Italy	▶ 伊太利(이태리)	Paris	▶ 巴利(파리)

한자어의 짜임

두 자 이상의 한자가 결합하여 한 단위의 의미체를 형성할 때는 반드시 기능상의 관계를 가지게 된다. 한자어의 짜임은 그러한 기능상의 관계를 설명한 것이다. 한자어의 짜임은 문법적 기능에 따라 다음과 같이 분류할 수 있다.

1. 주술 관계

주체가 되는 말(주어)과 서술하는 말(서술어)이 결합된 한자어로 서술어는 행위·동작·상태 등을 나타내고, 주어는 그 주체가 된다. 주어를 먼저 해석하고, 서술어를 나중에 해석하여 '~가(이) ~함' 으로 풀이한다.

月出 ▶ 월출 – 달이 뜸
出은 月의 동작을 서술

夜深 ▶ 야심 – 밤이 깊음
深은 夜의 상태를 서술

日出 ▶ 일출 – 해가 뜸
出은 日의 동작을 서술

年少 ▶ 연소 – 나이가 젊음
少는 年의 상태를 서술

人造 ▶ 인조 – 사람이 만듦
造는 人의 동작을 서술

骨折 ▶ 골절 – 뼈가 부러짐
折은 骨의 상태를 서술

2. 술목 관계

서술하는 말(서술어)과 서술의 목적·대상이 되는 말(목적어)이 결합된 한자어로, 서술어는 행위나 동작을 나타내고, 목적어는 대상이 된다. 목적어를 먼저 해석하고, 서술어를 나중에 해석하여 '~를(을) ~ 함' 이라고 풀이한다.

卒業 ▶ 졸업 – 학업을 마침
業은 卒의 목적·대상 됨

讀書 ▶ 독서 – 글을 읽음
書는 讀의 목적·대상 됨

作文 ▶ 작문 – 글을 지음
文은 作의 목적·대상 됨

交友 ▶ 교우 – 벗을 사귐
友는 交의 목적·대상 됨

修身 ▶ 수신 – 몸을 닦음
身은 修의 목적·대상 됨

敬老 ▶ 경로 – 늙은이를 공경함
老는 敬의 목적·대상 됨

3. 술보 관계

서술하는 말(서술어)과 이를 도와 부족한 뜻을 완전하게 해주는 말(보어)이 결합된 한자어로, 서술어는 행위나 동작을 나타내고, 보어는 서술어를 도와 부족한 뜻을 완전하게 해 준다. 보어를 먼저 해석하고 서술어를 나중에 해석하여 '~이(가) ~함', '~에 ~함' 으로 풀이한다.

有名 ▶ 유명 – 이름이 있음
名은 有의 뜻을 완전하게 해 줌

無敵 ▶ 무적 – 적이 없음
敵은 無의 뜻을 완전하게 해 줌

無罪 ▶ 무죄 – 허물이 없음
罪는 無의 뜻을 완전하게 해 줌

無法 ▶ 무법 – 법이 없음
法은 無의 뜻을 완전하게 해 줌

有能 ▶ 유능 – 능력이 있음
能은 有의 뜻을 완전하게 해 줌

有限 ▶ 유한 – 한계가 있음
限은 有의 뜻을 완전하게 해 줌

4. 수식 관계

꾸며주는 말(수식어)과 꾸밈을 받는 말(피수식어)이 결합된 한자어로, 앞에 있는 한자가 뒤에 있는 한자를 꾸미거나 한정하는 역할을 한다. 구성되는 한자의 성분에 따라 다음과 같이 나눌 수 있다.

1 관형어 + 체언

관형어가 체언을 수식하는 관계로 짜여진 한자어로, '~한 ~', '~하는 ~'로 해석한다.

青山 ▶ 청산 – 푸른 산
靑은 山을 꾸미는 말

落葉 ▶ 낙엽 – 떨어지는 잎
落은 葉을 꾸미는 말

白雲 ▶ 백운 – 흰 구름
白은 雲을 꾸미는 말

幼兒 ▶ 유아 – 어린 아이
幼는 兒를 꾸미는 말

2 부사어 + 용언

부사어가 용언을 한정하는 관계로 짜여진 한자어로, '~ 하게 ~함'으로 해석한다.

必勝 ▶ 필승 – 반드시 이김
必은 勝을 꾸미는 말

急行 ▶ 급행 – 급히 감
急은 行을 꾸미는 말

過食 ▶ 과식 – 지나치게 먹음
過는 食을 꾸미는 말

徐行 ▶ 서행 – 천천히 감
徐는 行을 꾸미는 말

5. 병렬 관계

같은 성분의 한자끼리 나란히 병렬되어 짜여진 것으로 이것은 다시 '대립', '유사', '대등'으로 나눌 수 있다.

1 유사 관계

서로 비슷한 뜻을 가진 한자로 이루어진 한자어로, 두 글자의 종합된 뜻으로 풀이한다.

事業 ▶ 사업 – 일
事와 業의 뜻이 서로 같음

衣服 ▶ 의복 – 옷
衣와 服의 뜻이 서로 같음

樹木 ▶ 수목 – 나무
樹와 木의 뜻이 서로 같음

恩惠 ▶ 은혜 – 고마운 혜택
恩과 惠의 뜻이 서로 같음

溫暖 ▶ 온난 – 따뜻함
溫과 暖의 뜻이 서로 같음

海洋 ▶ 해양 – 큰 바다
海와 洋의 뜻이 서로 같음

2 대립 관계

서로 반대되는 의미를 가진 한자가 만나 이루어진 한자어로 '~와(과) ~', '~하고 ~함'으로 해석한다.

上下 ▶ 상하 – 위아래
上과 下의 뜻이 서로 반대

大小 ▶ 대소 – 크고 작음
大와 小의 뜻이 서로 반대

黑白 ▶ 흑백 – 검은 빛과 흰 빛
黑과 白의 뜻이 서로 반대

强弱 ▶ 강약 – 강함과 약함
强과 弱의 뜻이 서로 반대

貧富 ▶ 빈부 – 가난함과 넉넉함
貧과 富의 뜻이 서로 반대

內外 ▶ 내외 – 안과 밖
內와 外의 뜻이 서로 반대

3 대등 관계

서로 대등한 의미를 가진 한자가 만나 이루어진 한자어로 '~와 ~'로 해석한다.

花鳥 ▶ 화조 – 꽃과 새
花와 鳥의 뜻이 서로 대등

松竹 ▶ 송죽 – 소나무와 대나무
松과 竹의 뜻이 서로 대등

父母 ▶ 부모 – 아버지와 어머니
父와 母의 뜻이 서로 대등

子女 ▶ 자녀 – 아들과 딸
子와 女의 뜻이 서로 대등

兄弟 ▶ 형제 – 형과 동생
兄과 弟의 뜻이 서로 대등

正直 ▶ 정직 – 바르고 곧음
正과 直의 뜻이 서로 대등

필순의 기본 원칙

필순의 기본 원칙이란 하나의 글자를 쓰고자 할 때 그 글자를 이루어가는 기본적인 순서를 말한다.

1. 왼쪽에서 오른쪽으로, 위에서 아래로 쓴다.

川	내 천	총3획	丿 川 川

三	석 삼	총3획	一 二 三

2. 가로획과 세로획이 교차할 때에는 가로획을 먼저 쓴다.

十	열 십	총2획	一 十

土	흙 토	총3획	一 十 土

3. 삐침과 파임이 만날 때에는 삐침을 먼저 쓴다.

人	사람 인	총2획	丿 人

父	아비 부	총4획	丶 丷 父 父

4. 왼쪽과 오른쪽의 모양이 같을 때에는 가운데를 먼저 쓴다.

山	메 산	총3획	丨 山 山

水	물 수	총4획	丨 水 水 水

5. 안과 바깥쪽이 있을 때에는 바깥쪽을 먼저 쓴다.

日	날 일	총4획	丨 冂 日 日

內	안 내	총4획	丨 冂 内 內

6. 꿰뚫는 획은 나중에 쓴다.

中	가운데 중	총4획	丨 冂 口 中

車	수레 거·차	총7획	一 冂 币 百 亘 亘 車

7. 오른쪽 위의 점은 나중에 찍는다.

代	대신 대	총5획	亻 代 代 代 代

武	군인 무	총8획	一 二 千 武 武 武 武 武

8. 삐침이 짧고 가로획이 길면 삐침을 먼저 쓴다.

右	오른쪽 우	총5획	丿 ナ 右 右 右

9. 삐침이 길고 가로획이 짧으면 가로획을 먼저 쓴다.

左	왼 좌	총5획	一 ナ 大 左 左

6급 한자 450자

이 장은

6급 한자 450자로

구성되어 있다.

각 한자의 설명과

음훈, 부수, 획수, 필순을 확인해 가며

각각 10회씩 쓰고,

해당 단어를 완성해 보자.

| 001 8급 가 | 家 | 집 가 宀부 7획 총10획 | ☐ 長 (가장) : 집안의 어른 (長 길 장) |
| | | | ☐ ☐ 戶 戶 (가가호호) : 집집마다 (戶 집 호) |

집 안(宀)에서 돼지(豕)를 기른다는 데서 사람이 사는 집을 나타냄

丶 丶 宀 宀 宀 字 字 家 家 家

| 家 | 家 | 家 | | | | | | | |

| 002 7급 가 | 加 | 더할 가 力부 3획 총5획 | ☐ 減 (가감) : 더하기와 빼기 (減 덜 감) |
| | | | ☐ 重 (가중) : 더 무겁게 함 (重 무거울 중) |

힘써(力) 일하는 수고에 말(口)까지 더해진다는 데서 더함을 뜻함

フ カ 加 加 加

| 加 | 加 | 加 | | | | | | | |

| 003 6급 가 | 價 | 값 가 亻=人부 13획 총15획 | ☐ 格 (가격) : 물건의 가치를 화폐로 나타낸 것 (格 격식 격) |
| | | | 高 ☐ (고가) : 값이 비쌈 (高 높을 고) |

상인(亻=人) 물건을 담아(覀=西, 両)서 돈(貝)으로 바꾼다는 뜻에서 가치 또는 값을 뜻함

丿 亻 亻 亻 伫 俨 俨 俨 僧 僧 僧 僧 價 價

| 價 | 價 | 價 | | | | | | | |

| 004 6급 가 | 可 | 옳을 가 口부 2획 총5획 | 不 ☐ (불가) : 옳지 않음, 또는 할 수 없음 (不 아닐 불) |
| | | | ☐ 能 (가능) : 할 수 있음 (能 능할 능) |

말이(口) 옳다는 것을 주장하기 위해서 튀어나온다는 데서 옳음 또는 허락함을 뜻함

一 丆 丆 可 可

| 可 | 可 | 可 | | | | | | | |

| 005 8급 각 | 角 | 뿔 각 角부 0획 총7획 | ☐ 度 (각도) : 각의 크기 (度 법도 도) |
| | | | 三 ☐ 形 (삼각형) : 세 직선과 세 각을 이룬 도형 (三 석 삼) (形 형상 형) |

짐승 뿔의 모양을 형상화해서 만듦

丿 ク 凸 角 角 角 角

| 角 | 角 | 角 | | | | | | | |

006 7급 間 간	사이 간 門부 4획 총12획	空 ☐ (공간) : 비어있어 아무것도 없는 곳 (空 빌 공) 中 ☐ (중간) : 두 사물의 사이 (中 가운데 중)

대문(門)이나 방문 틈으로 햇빛(日)이나 달빛이 비친다는 뜻에서 사이를 뜻함

｜ ｆ ｆ ｆ ｆ 門 門 門 門 問 閒 間 間

間	間	間							

007 6급 感 감	느낄 감 心부 9획 총13획	☐ 情 (감정) : 사물이나 현상에 느끼는 마음 (情 뜻 정) ☐ 覺 (감각) : 외부 또는 내부의 자극을 알아차리는 느낌 (覺 깨달을 각)

모든(戌) 사람이 똑같은 말(口)을 하는 것은 느끼는 마음(心)이 같기 때문이라는데서 느끼다를 뜻함

｜ ｆ ｆ ｆ ｆ ｆ 咸 咸 咸 咸 感 感 感

感	感	感							

008 7급 江 강	강 강 氵=水부 3획 총6획	☐ 山 (강산) : 강과 산 (山 메 산) 漢 ☐ (한강) : 태백산맥에서 시작하여 서울로 흐르는 강 (漢 한수 한)

시냇물(氵=水)이 흘러 서로 모이게 되어 만들어지는(工) 것이 강이라는 뜻임

丶 氵 氵 江 江 江

江	江	江							

009 6급 開 개	열 개 門부 4획 총12획	☐ 化 (개화) : 꽃이 핌 (化 될 화) 公 ☐ (공개) : 일반에게 공개함 (公 공평할 공)

두 손으로 빗장(开)을 들어 올려 양쪽 문(門)짝을 연다는 뜻임

｜ ｆ ｆ ｆ ｆ 門 門 門 門 開 開 開

開	開	開							

010 6급 客 객	손 객 宀부 6획 총9획	☐ 席 (객석) : 손님이 앉는 자리 (席 자리 석) 過 ☐ (과객) : 지나가는 나그네 (過 지날 과)

여러 군데에서 우리 집(宀)으로 찾아온 각각(各各)의 사람들이라는 데서 손님을 뜻함

丶 丶 宀 宀 宀 客 客 客 客

客	客	客							

011	車	수레 거(차)
9급 거		車부 0획 총7획

수레의 모양을 본떠 만듦

人力□ (인력거) : 사람이 끄는 수레 (人 사람 인) (力 힘 력)

□道 (차도) : 차가 다니는 길 (道 길 도)

一 厂 គ គ 百 亘 車

車	車	車							

012	去	갈 거
7급 거		厶부 3획 총5획

땅(土)의 우묵한 곳(厶)에서 뛰어나와 앞으로 나아간다는 데서 가다 또는 떠나감을 뜻함

□來 (거래) : 돈이나 물건을 서로 주고받음 (來 올 래)

過□ (과거) : 지나간 때 (過 지날 과)

一 十 土 去 去

去	去	去							

013	建	세울 건
8급 건		廴부 6획 총9획

붓(聿)을 똑바로 세워서(廴) 글씨를 쓴다는 데서 건물이나 나라 등을 일으켜 세우다를 뜻함

□國 (건국) : 나라를 세움 (國 나라 국)

再□ (재건) : 다시 세움 (再 두 재)

フ ᆿ ᆿ ᆿ ᆯ 聿 聿 建 建

建	建	建							

014	見	볼 견
8급 견		見부 0획 총7획

눈을 크게 뜨고(目) 무릎을 굽혀 책상 다리(儿)하고 바라본다는 데서 보다를 뜻함

□學 (견학) : 실제로 눈으로 보고 배움 (學 배울 학)

意□ (의견) : 어떤 일에 대한 생각 (意 뜻 의)

丨 冂 冂 月 目 目 見

見	見	見							

015	決	결단할 결
7급 결		氵=水부 4획 총7획

물(氵=水)을 가두어 놓았다가 물꼬를 터드리는(夬) 시기를 정한다는 뜻에서 결정하다를 뜻함

□心 (결심) : 어떻게 하기로 마음을 작정함 (心 마음 심)

□定 (결정) : 어떻게 하겠다고 정함 (定 정할 정)

丶 冫 冫 氵 江 沪 決

決	決	決							

| 016 6급 결 | 結 | 맺을 결
糸부 6획
총12획 | ☐ 論 (결론) : 말이나 글에서 끝맺는 부분 (論 논할 론)
☐ 末 (결말) : 어떤 일이 마무리되는 끝 (末 끝 말) |

실(糸)로 매듭을 맺어 좋은 일(吉)을 서로 약속하였다는 데서 맺다 또는 마치다를 뜻함

纟 纟 纟 纟 纟 糸 糸 紆 結 結 結 結

結　結　結

| 017 7급 경 | 京 | 서울 경
亠부 6획
총8획 | 上 ☐ (상경) : 시골에서 서울로 올라감 (上 윗 상)
歸 ☐ (귀경) : 서울로 돌아옴 (歸 돌아갈 귀) |

언덕 위에 집이 서 있는 것을 본떠 만듦

亠 亠 亠 亠 亠 京 京 京

京　京　京

| 018 7급 경 | 慶 | 경사 경
心부 10획
총15획 | ☐ 事 (경사) : 기쁘고 좋은 일 (事 일 사)
國 ☐ 日 (국경일) : 국가적인 경사를 기념하는 날
(國 나라 국) (日 날 일) |

정말로 좋은 일에는 사슴(鹿)처럼 큰 선물을 가지고 가서 축하한다(心)는 데서 경사 또는 축하함을 뜻함

亠 广 广 广 庐 庐 声 声 庐 庐 唐 庐 麖 廖 慶

慶　慶　慶

| 019 7급 경 | 景 | 볕 경
日부 8획
총12획 | 風 ☐ (풍경) : 경치 (風 바람 풍)
絶 ☐ (절경) : 더할 수 없이 훌륭한 경치 (絶 끊을 절) |

해(日)가 높이 떠오르니 서울(京)의 궁궐 모습이 훤히 비친다는 뜻에서 햇볕 또는 경치를 뜻함

丨 口 日 日 旦 昌 昌 昌 景 景 景 景

景　景　景

| 020 7급 경 | 競 | 다툴 경
立부 15획
총20획 | ☐ 技 (경기) : 기술과 능력을 서로 겨룸 (技 재주 기)
☐ 馬 (경마) : 말의 달리는 능력을 겨룸 (馬 말 마) |

서로 마주 보고 있는 두 사람(儿+儿)이 똑바로 서서(立+立) 말(口)로 심하게 다툰다는 것을 뜻함

丶 ㅗ 丷 立 立 产 竞 竞 竞 竟 竟 竟 竟 竸 競 競 競 競

競　競　競

021 7급 경	經	지날 **경**/글 경 糸부 7획 총13획	☐ 過 (경과) : 시간이 지나감 (過 지날 과) ☐ 路 (경로) : 지나가는 길 (路 길 로)

실(糸)이 모여서 하나(一)의 시냇물(巛=川) 모양처럼 만드는(工) 것은 시간이 지나고 여러 가지를 겪어야 한다는 데서 지나다 또는 겪다를 뜻함

`⺜ ⺜ ⺜ 幺 糸 糸 紒 紹 經 經 經 經 經`

經	經	經						

022 6급 경	敬	공경 **경** 攵=攴부 9획 총13획	☐ 老 (경로) : 노인을 공경함 (老 늙을 로) ☐ 禮 (경례) : 공경의 뜻과 마음을 담아 하는 인사 (禮 예도 례)

진실된(苟) 마음으로 지도하여(攵) 가르쳐주는 사람을 높이 모신다는 데서 공경함을 뜻함

`⼁ ⼁ ⺌ ⺍ ⺿ 芍 芍 苟 苟 苟 敬 敬`

敬	敬	敬						

023 8급 계	季	계절 **계** 子부 5획 총8획	☐ 節 (계절) : 한 해를 날씨에 따라 나눈 한 철 (節 마디 절) 四 ☐ (사계) : 봄·여름·가을·겨울의 사계절 (四 넉 사)

벼(禾)의 씨(子)를 뿌리기에 알맞은 철이라는 데서 계절을 뜻함

`⼁ ⼆ 千 千 禾 季 季 季`

季	季	季						

024 7급 계	界	지경 **계** 田부 4획 총9획	世 ☐ (세계) : 지구 위의 모든 지역 또는 나라 (世 인간 세) 限 ☐ (한계) : 정해놓은 범위 (限 한할 한)

밭(田)들의 사이를 정확히 구분지어(介) 놓다에서 경계를 뜻함

`⼁ 冂 冂 田 田 甲 界 界 界`

界	界	界						

025 7급 계	計	셀 **계** 言부 2획 총9획	合 ☐ (합계) : 합하여 셈함 (合 합할 합) 時 ☐ (시계) : 시와 때를 계산해 줌, 또는 그 기계 (時 때 시)

10개씩의 묶음(十)을 말(言)로써 헤아려 세어본다는 데서 계산 또는 셈을 뜻함

`⼀ ⼆ ⼆ 言 言 言 言 計 計`

計	計	計						

026 9급 고	高	높을 고 高부 0획 총10획	☐ 山 (고산) : 높은 산 (山 메 산) ☐ 下 (고하) : 높고 낮음 (下 아래 하)

망루가 성문 위에 높이 솟아 있는 모양을 본떠 만듦

丶 一 亠 产 产 高 高 高 高 高

高 高 高

027 8급 고	古	예 고 口부 2획 총5획	☐ 代 (고대) : 옛 시대 (代 대신 대) ☐ 典 (고전) : 훌륭하고 모범적인 옛 문학이나 예술품 (典 법 전)

여러(十) 대에 걸쳐서 입(口)으로 전해온다는 데서 옛날 또는 낡음을 뜻함

一 十 十 古 古

古 古 古

028 8급 고	故	연고 고 攵=攴부 5획 총9획	☐ 國 (고국) : 조상 때부터 살던 나라 (國 나라 국) 事 ☐ (사고) : 뜻밖에 일어난 사건 (事 일 사)

옛날부터(古) 변함없이 줄곧 같은 일을 하는(攵=攴) 것은 그 까닭이 있다는 데서 연고를 뜻함

一 十 十 古 古 占 古 故 故

故 故 故

029 7급 고	告	고할 고 口부 4획 총7획	☐ 別 (고별) : 이별을 알림 (別 다를 별) 忠 ☐ (충고) : 남의 잘못을 고치도록 타이름 (忠 충성 충)

소(牛)를 제물로 바치며 신에게 소원을 말하여(口) 알린다는 뜻

丿 丄 牛 生 告 告 告

告 告 告

030 7급 고	考	생각할 고 耂=老부 2획 총6획	思 ☐ (사고) : 생각하고 궁리함 (思 생각 사) ☐ 察 (고찰) : 어떤 것을 깊이 생각하고 연구함 (察 살필 찰)

허리가 굽은 노인(耂=老)의 뛰어난 솜씨(丂)는 많을 것을 생각하게 한다는 데서 생각함을 뜻함

一 十 土 耂 考 考

考 考 考

031 6급 고	固	굳을 고 口부 5획 총8획	□ 定 (고정) : 일정한 곳이나 상태에서 변함이 없음 (定 정할 정) □ 守 (고수) : 물건이나 상태를 굳게 지킴 (守 지킬 수)

오래된(古) 성벽을 둘러싸서(口) 굳게 지킨다는 데서 굳게 지킴 또는 굳음을 뜻함

丨 冂 冃 冃 丏 丏 周 固 固

固	固	固						

032 8급 곡	曲	굽을 곡 日부 2획 총6획	名 □ (명곡) : 유명한 악곡 (名 이름 명) □ 解 (곡해) : 사실과 다르게 좋지 않게 이해함 (解 풀 해)

대나무나 싸리 등으로 만든 바구니의 모양이 굽어 있는 것을 본떠 만듦

丨 冂 日 由 曲 曲

曲	曲	曲						

033 9급 공	工	장인 공 工부 0획 총3획	□ 事 (공사) : 집을 짓거나 둑을 쌓는 일 (事 일 사) □ 場 (공장) : 물건을 만들거나 가공하는 곳 (場 마당 장)

구멍을 뚫고 다듬을 때 쓰는 도구의 모양을 본떠 만듦

一 丁 工

工	工	工						

034 7급 공	公	공평할 공 八부 2획 총4획	□ 平 (공평) : 한쪽에 치우치지 않고 공정함 (平 평평할 평) □ 開 (공개) : 여러 사람에게 터놓고 널리 알림 (開 열 개)

사사로운 일(厶)을 멀리하여 그것과 등지고(八) 있다는 데서 공평함을 뜻함

丿 八 公 公

公	公	公						

035 7급 공	共	함께 공 八부 4획 총6획	□ 同 (공동) : 여러 사람이 다함께 함 (同 한가지 동) □ 用 (공용) : 공동으로 사용함 (用 쓸 용)

여러 사람이(廿) 한꺼번에 손을 바친다(八)는 뜻에서 함께 또는 한가지를 뜻함

一 十 卅 共 共 共

共	共	共						

036 6급 공	功	공공 力부 3획 총5획		勞 (공로) : 어떤 일에 이바지한 공적과 노력 (勞 일할 로) 成 (성공) : 어떤 일이나 뜻을 이룸 (成 이룰 성)

힘써(力) 일하여 훌륭하게 되도록 한다(工)는 데서 일이 된다는 뜻과 그 공로를 뜻함

一 T 工 功 功

功	功	功							

037 6급 공	空	빌공 穴부 3획 총8획		中 (공중) : 하늘과 땅 사이의 빈 곳 (中 가운데 중) 白 (공백) : 아무 것도 없이 비어있음 (白 흰 백)

도구(工)를 이용하여 파 놓은 구멍(穴)이 텅 비어있음을 뜻함

丶 宀 宀 宀 空 空 空 空

空	空	空							

038 9급 과	果	실과 과 木부 4획 총8획		實 (과실) : 먹을 수 있는 나무의 열매 (實 열매 실) 結 (결과) : 어떤 까닭으로 말미암아 생긴 일의 끝 (結 맺을 결)

나무(木) 위에 열매(田)가 열린 모양을 본떠 만듦

丿 冂 冂 日 旦 甲 果 果

果	果	果							

039 8급 과	科	과목 과 禾부 4획 총9획		目 (과목) : 교과나 학문을 구분하여 나눔 (目 눈 목) 內 (내과) : 내장의 병을 수술 없이 약물, 간호로 치료하는 의학의 분과 (內 안 내)

곡식(禾)을 말(斗)로 헤아려서 종류나 수량을 구분한다는 데서 과목을 뜻함

丿 二 千 禾 禾 禾 禾 科 科

科	科	科							

040 7급 과	過	지날 과 辶=辵부 9획 총13획		去 (과거) : 지나간 때 (去 갈 거) 速 (과속) : 정해진 속도의 범위를 넘음 (速 빠를 속)

바른 길과 도를 지나침. 즉 바르지 않음, 과오를 뜻함

丨 冂 冂 冎 冎 咼 咼 咼 咼 過 過 過

過	過	過							

041 6급 과	課	공부할 과
		言부 8획 총15획

배운 학문의 내용을 말(言)로써 그 결과(果)까지 알아보는 것이 공부이며 그렇게 하는 것이 과정이란 뜻임

□業 (과업) : 해야 할 일. 정하여 놓은 업무 (業 일 업)

日□ (일과) : 하루하루 하는 일 (日 날 일)

` ` ⸝ 亠 彐 彐 言 言 訂 訂 訂 訳 課 課 課

課　課　課

042 6급 관	官	벼슬 관
		宀부 5획 총8획

집 안(宀)에 많은 사람이 모여서 사무를 보는 것은 벼슬아치라는 데서 벼슬을 뜻함

□吏 (관리) : 국가 공무원. 벼슬아치에 있는 사람 (吏 관리 리)

□廳 (관청) : 관리들이 나랏일을 맡아보는 기관 (廳 관청 청)

` ` 宀 宀 宀 官 官 官

官　官　官

043 6급 관	觀	볼 관
		見부 18획 총25획

황새(雚)가 먹이를 찾기 위해 목을 빼고 바라본다(見)는 데서 보다를 뜻함

□光 (관광) : 다른 고장의 경치, 풍습 등을 구경함 (光 빛 광)

美□ (미관) : 아름다운 경치 (美 아름다울 미)

` ` 卝 卝 芇 芇 苎 苎 苢 苢 萪 萪 萪 莑 莑 莑 雚 雚 雚 勸 觀 觀 觀 觀 觀

觀　觀　觀

044 8급 광	光	빛 광
		儿부 4획 총6획

사람(儿=人)이 햇불(火)을 들고 있다는 데서 밝게 비추는 빛을 뜻함

□線 (광선) : 빛의 줄기 (線 줄 선)

夜□ (야광) : 어둠 속에서 스스로 내는 빛 (夜 밤 야)

丨 丨 丷 业 光 光

光　光　光

045 6급 광	廣	넓을 광
		广부 12획 총15획

벽이 없는 집(广)에서 바라보는 누런 빛깔(黃)의 땅이 매우 넓음을 뜻함

□告 (광고) : 세상에 널리 알림 (告 고할 고)

□場 (광장) : 넓은 장소 (場 마당 장)

` ` 广 广 庐 庐 庐 庐 庐 庠 庠 庿 庿 廣 廣

廣　廣　廣

| 046 9급 交 교 | 사귈 교 ㅗ부 4획 총6획 | □友 (교우) : 벗을 사귐. 사귀는 벗 (友 벗 우) |
| | | □換 (교환) : 물건 또는 그 이외의 것을 서로 바꿈 (換 바꿀 환) |

사람의 종아리가 교차해 있는 모양을 본떠 만듦

丶 一 ナ 六 亣 交

交	交	交							

| 047 7급 校 교 | 학교 교 木부 6획 총10획 | 學□ (학교) : 교육의 시설을 갖추고 학문을 가르치는 곳 (學 배울 학) |
| | | 登□ (등교) : 학교에 감 (登 오를 등) |

나무(木)를 서로 엇걸리게 하여(交) 반듯하게 자라게 하듯이 아이들을 바로잡아 가르치는 곳이 학교임을 뜻함

一 十 オ 木 木 杧 柼 栌 栌 校

校	校	校							

| 048 6급 教 교 | 가르칠 교 攵=攴부 7획 총11획 | □育 (교육) : 가르쳐 배우게 함 (育 기를 육) |
| | | □主 (교주) : 한 종교의 우두머리 (主 주인 주) |

회초리(攵=攴)로 쳐서 가르쳐 배우게(爻) 한다는 뜻

丿 乂 亠 耂 夵 爻 孝 孝 敄 教 教

教	教	教							

| 049 9급 口 구 | 입 구 口부 0획 총3획 | 入□ (입구) : 들어가는 어귀 (入 들 입) |
| | | 食□ (식구) : 한 집안에서 같이 살면서 끼니를 함께 먹는 사람 (食 밥 식) |

사람의 입 모양을 본떠 만듦

丨 冂 口

口	口	口							

| 050 8급 九 구 | 아홉 구 乙부 1획 총2획 | □年 (구년) : 아홉 해 (年 해 년) |
| | | 十中八□ (십중팔구) : 열 가운데 여덟이나 아홉 (十 열 십) (中 가운데 중) (八 여덟 팔) |

다섯 손가락을 위로 펴고 다른 손의 네 손가락을 옆으로 편 모양을 나타냄

丿 九

九	九	九							

연습문제

01-10 다음 한자(漢字)의 음(音)은 무엇입니까?

01 建 : ① 건 ② 견 ③ 간 ④ 각 ⑤ 거

02 江 : ① 공 ② 강 ③ 경 ④ 견 ⑤ 광

03 角 : ① 견 ② 경 ③ 강 ④ 간 ⑤ 각

04 間 : ① 견 ② 강 ③ 간 ④ 각 ⑤ 가

05 開 : ① 결 ② 개 ③ 가 ④ 간 ⑤ 각

06 見 : ① 견 ② 각 ③ 가 ④ 거 ⑤ 경

07 考 : ① 곡 ② 계 ③ 구 ④ 경 ⑤ 고

08 功 : ① 결 ② 계 ③ 곡 ④ 공 ⑤ 광

09 曲 : ① 계 ② 곡 ③ 경 ④ 고 ⑤ 견

10 慶 : ① 고 ② 곡 ③ 결 ④ 경 ⑤ 관

11-15 다음의 음(音)을 가진 한자(漢字)는 어느 것입니까?

11 가 : ① 價 ② 口 ③ 固 ④ 科 ⑤ 光

12 거 : ① 客 ② 加 ③ 界 ④ 告 ⑤ 去

13 결 : ① 可 ② 車 ③ 感 ④ 決 ⑤ 家

14 공 : ① 空 ② 敬 ③ 競 ④ 經 ⑤ 課

15 고 : ① 季 ② 公 ③ 故 ④ 曲 ⑤ 交

16-25 다음 한자(漢字)의 뜻은 무엇입니까?

16 價 : ① 값 ② 길 ③ 다리 ④ 장수 ⑤ 사이

17 建 : ① 보다 ② 가사 ③ 날다 ④ 세우다 ⑤ 고하다

18 客 : ① 앉다 ② 손님 ③ 개인 ④ 내리다 ⑤ 한가지

19 決 : ① 베다 ② 나누다 ③ 자르다 ④ 공정하다 ⑤ 결단하다

20 可 : ① 옳다 ② 틀리다 ③ 다르다 ④ 나쁘다 ⑤ 지나다

21 季 : ① 벼슬 ② 날씨 ③ 고난 ④ 곡식 ⑤ 계절

22 結 : ① 굳다 ② 맺다 ③ 풀다 ④ 경사 ⑤ 학교

23 故 : ① 글 ② 연고 ③ 지나다 ④ 공 ⑤ 공평하다

24 固 : ① 오다 ② 옛날 ③ 굳다 ④ 현대 ⑤ 넓다

25 計 : ① 벼슬 ② 마디 ③ 치다 ④ 세다 ⑤ 말하다

26-30 다음의 뜻을 가진 한자(漢字)는 어느 것입니까?

26 느끼다 : ① 角 ② 家 ③ 官 ④ 客 ⑤ 感

27 보다 : ① 觀 ② 建 ③ 開 ④ 間 ⑤ 九

28 볕 : ① 計 ② 景 ③ 高 ④ 界 ⑤ 過

29 공 : ① 功 ② 工 ③ 故 ④ 曲 ⑤ 加

30 서울 : ① 京 ② 經 ③ 競 ④ 共 ⑤ 科

31-40 다음 한자어(漢字語)의 음(音)은 무엇입니까?

31 公開 : ① 공개 ② 미개 ③ 개소 ④ 개장 ⑤ 공사

32 過客 : ① 객지 ② 객석 ③ 과객 ④ 객차 ⑤ 과정

33 建物 : ① 건조 ② 건물 ③ 건립 ④ 재건 ⑤ 건설

34 見學 : ① 회견 ② 발견 ③ 견습 ④ 견학 ⑤ 견제

35 敬禮 : ① 경로 ② 경원 ③ 가례 ④ 경의 ⑤ 경례

36 競技 : ① 경쟁 ② 경합 ③ 경선 ④ 경기 ⑤ 경지

37 合計 : ① 계산 ② 합계 ③ 계책 ④ 회계 ⑤ 합산

38 固定 : ① 고정 ② 고수 ③ 고체 ④ 고집 ⑤ 고작

39 名曲 : ① 작곡 ② 곡선 ③ 명곡 ④ 서곡 ⑤ 희곡

40 公園 : ① 공원 ② 공평 ③ 공간 ④ 공개 ⑤ 공중

051 7급 구	求	구할 구 ⺢부 2획 총7획	□人 (구인) : 필요한 사람을 구함 (人 사람 인)
			要□ (요구) : 필요하여 달라고 함 (要 요긴할 요)

짐승의 가죽이나 모피로 만든 옷이나 모피를 달아 맨 모양을 본떠 만
듦으로서 모피나 옷을 누구나 구하고 탐내므로 구함 또는 탐냄을 뜻함

一 十 寸 寸 求 求 求

求	求	求							

052 7급 구	究	연구할 구 穴부 2획 총7획	硏□ (연구) : 일이나 사물에 대해 깊이 조사하고 생각함 (硏 갈 연)
			探□ (탐구) : 학문이나 원리 등을 깊이 연구하는 것 (探 찾을 탐)

동굴(穴)속의 굽은 길(九)을 더듬으며 깊숙이 들어간다는 데서 연구함을
뜻함

丶 宀 宀 宀 宀 究 究

究	究	究							

053 7급 국	國	나라 국 □부 8획 총11획	□家 (국가) : 나라 (家 집 가)
			□力 (국력) : 나라의 힘 (力 힘 력)

국경(口)을 에워싸고 적이 침입하지 못하게 했다는 데서 나라를 뜻함

丨 冂 冂 冋 冋 同 同 豖 國 國 國

國	國	國							

054 8급 군	軍	군사 군 車부 2획 총9획	敵□ (적군) : 마주 대하여 싸우는 적의 군사 (敵 대적할 적)
			□人 (군인) : 군대에 있는 장병들의 총칭 (人 사람 인)

전차(車) 주위를 둘러싸고(冖) 싸운다고 하여 군사를 뜻함

冖 冖 冖 冖 冒 冐 冒 軍 軍

軍	軍	軍							

055 7급 군	君	임금 군 □부 4획 총7획	□臣 (군신) : 임금과 신하 (臣 신하 신)
			□子 (군자) : 학문과 덕행이 높은 사람 (子 아들 자)

입(口)으로 천하를 손에 갖는(尹) 모양으로 임금을 뜻함

フ ヲ ヲ 尹 尹 君 君

君	君	君							

| 056
6급
군 | 郡 | 고을 군
阝=邑부 7획
총10획 | □守 (군수) : 군의 행정사무를 맡아보는 우두머리
(守 지킬 수)
□民 (군민) : 행정단위의 군 안에 사는 사람 (民 백성 민) |

임금(君)의 고을(阝)이라는 뜻으로 지금은 행정구역의 단위가 됨

フ ヲ ⺕ 尹 尹 君 君 君` 君阝 郡

| 郡 | 郡 | 郡 | | | | | | | |

| 057
6급
근 | 近 | 가까울 근
辶=辵부 4획
총8획 | 接□ (접근) : 바짝 다가붙음 (接 접할 접)
□代 (근대) : 중·고대와 현대 사이의 시대 (代 대신 대) |

도끼(斤) 소리는 멀리(辶=辵)에서는 들리지 않기 때문에 가깝다는 뜻임

` ⺁ ⻌ 斤 ⺌斤 近 近 近

| 近 | 近 | 近 | | | | | | | |

| 058
8급
금 | 今 | 이제 금
人부 2획
총4획 | □年 (금년) : 올해 (年 해 년)
古□ (고금) : 예전과 지금 (古 예 고) |

세월이 흐르고 쌓여(스) 지금에 이르렀다는 뜻으로 이제를 뜻함

ノ 人 스 今

| 今 | 今 | 今 | | | | | | | |

| 059
8급
금 | 金 | 쇠 금/성 김
金부 0획
총8획 | 現□ (현금) : 현재 가지고 있는 돈 (現 나타날 현)
萬□ (만금) : 매우 많은 돈 (萬 일만 만) |

세월이 흘러(今) 흙(土) 속에 광물(두 개의 점)이 생겼는데 그것이 쇠라는 뜻

ノ 人 스 스 今 全 金 金

| 金 | 金 | 金 | | | | | | | |

| 060
8급
기 | 己 | 몸 기
己부 0획
총3획 | 利□ (이기) : 자기 이익만을 꾀함 (利 이로울 리)
自□ (자기) : 자신. 스스로 (自 스스로 자) |

상대에게 허리를 굽혀 자세를 낮추고 있는 사람의 모양을 본떠 만듦

フ コ 己

| 己 | 己 | 己 | | | | | | | |

061 7급 基 기	터 기 土부 8획 총11획	☐ 本 (기본) : 사물의 근본 (本 근본 본) ☐ 地 (기지) : 군대나 탐험대 등의 행동 근거지 (地 땅 지)

흙(土)으로 땅을 높여 토대(其)를 굳혀 집터를 만든다는데서 터를 뜻함

一 十 卄 卅 甘 甘 其 其 其 基 基

基	基	基							

062 7급 技 기	재주 기 扌=手부 4획 총7획	☐ 能 (기능) : 기술 상의 재주와 능력 (能 능할 능) ☐ 法 (기법) : 기교를 나타내는 방법 (法 법 법)

대나무 줄기(支)를 가지고 손(扌=手)으로 물건을 만드니 솜씨가 좋다는 데서 재주를 뜻함

一 亅 扌 扌 扩 挂 技

技	技	技							

063 7급 氣 기	기운 기 气부 6획 총10획	☐ 運 (기운) : 어떤 일이 일어나려는 분위기 (運 옮길 운) ☐ 溫 (기온) : 대기의 온도 (溫 따뜻할 온)

김을 올려(气) 밥(米)을 지어먹으니 기운이 좋아진다는데서 기운을 뜻함

丿 亠 气 气 気 気 氣 氣 氣 氣

氣	氣	氣							

064 7급 記 기	기록할 기 言부 3획 총10획	日 ☐ (일기) : 매일의 일이나 생각, 느낌 등을 적는 글 (日 날 일) 表 ☐ (표기) : 적어서 나타냄, 또는 그런 기록 (表 겉 표)

무릎을 꿇은 사람(己)이 상대가 말(言)한 내용을 받아 적는다는데서 기록한다는 뜻

丶 亠 亍 亖 言 言 言 記 記 記

記	記	記							

065 6급 期 기	기약할 기 月부 8획 총12획	☐ 約 (기약) : 때를 정하여 약속함 (約 약속할 약) 初 ☐ (초기) : 맨 처음 비롯되는 시기 (初 처음 초)

달(月)이 일정하게 한바퀴 돌아오는 것처럼 때(其)를 기다린다는 뜻임

一 十 卄 卅 甘 甘 其 期 期 期 期

期	期	期							

066 6급 길	吉	길할 길 口부 3획 총6획	□ 日 (길일) : 좋은 날 (日 날 일) 不 □ (불길) : 좋지 않음 (不 아닐 불)

선비(士)의 입(口)에서 나온 말은 모두 좋다는 뜻

一 十 士 吉 吉 吉

吉	吉	吉							

067 8급 남	南	남녘 남 十부 7획 총9획	□ 部 (남부) : 남쪽의 지역이나 구역 (部 떼 부) □ 向 (남향) : 남쪽 방향 (向 향할 향)

울타리(冂)를 치고 양(羊)을 기르는 좋은 땅이 남쪽이라는 뜻

一 十 十 內 內 兩 兩 南 南

南	南	南							

068 8급 남	男	사내 남 田부 2획 총7획	□ 女 (남녀) : 남자와 여자 (女 계집 녀) 長 □ (장남) : 가장 큰 아들 (長 길 장)

논 밭(田에)서 힘써(力) 일하는 사람을 뜻함

丨 冂 冂 田 田 男 男

男	男	男							

069 8급 내	內	안 내 入부 2획 총4획	國 □ (국내) : 나라 안 (國 나라 국) □ 服 (내복) : 안에 입는 옷 (服 옷 복)

비어있는(冂) 곳에 들어간다(入)는 뜻

丨 冂 冂 內

內	內	內							

070 9급 녀	女	계집 녀 女부 0획 총3획	□ 王 (여왕) : 여자 임금 (王 임금 왕) 母 □ (모녀) : 엄마와 딸 (母 어미 모)

여자가 손을 앞으로 모으고 무릎을 꿇고있는 모양을 본떠 만듦

ㄑ ㄑ 女

女	女	女							

071 8급 年 년	해 년 干부 3획 총6획	來☐ (내년) : 올 해의 다음 해 (來 올 래)
		☐末 (연말) : 한 해의 마지막 (末 끝 말)

사람(人)이 길을 가듯이 벼(禾)도 자라서 수확하면 해가 지남을 뜻함

丿 ┌ ┌ ┌ 丘 年

年	年	年							

072 6급 念 념	생각 념 心부 4획 총8획	信☐ (신념) : 굳게 믿어 의심하지 않음 (信 믿을 신)
		記☐ (기념) : 지난 일을 상기하여 기억을 새롭게 함 (記 기록할 기)

지금(今) 현재의 마음(心)속에서 사고한다는 뜻

丿 人 人 今 今 念 念 念

念	念	念							

073 7급 農 농	농사 농 辰부 6획 총13획	☐夫 (농부) : 농사짓는 일을 하는 사람 (夫 지아비 부)
		☐業 (농업) : 농사짓는 직업 (業 일 업)

별(辰)이 떠 있는 새벽부터 밭에 나가 곡식을 가꾸는 일(曲)이 농사라는 뜻

丨 冂 冂 曲 曲 曲 曲 芦 芦 芦 農 農 農

農	農	農							

074 8급 能 능	능할 능 月=肉부 6획 총10획	☐力 (능력) : 일을 해내는 능력 (力 힘 력)
		無☐ (무능) : 능력이나 재주가 없음 (無 없을 무)

곰의 재능이 다양하다는 데서 '능하다'는 뜻이 됨

丿 厶 厶 白 台 台 台 能 能 能

能	能	能							

075 7급 多 다	많을 다 夕부 3획 총6획	☐情 (다정) : 정이 많음 (情 뜻 정)
		最☐ (최다) : 양이나 수가 가장 많음 (最 가장 최)

저녁(夕)에 저녁(夕)이 더해져서 세월이 많다는 뜻

丿 ク ク 夕 多 多

多	多	多							

076 8급 단	單	홀 단	口부 9획 총12획

많은 식구(口口)를 위해 밭(田)에 나가 여러 날을(十) 홀로 열심히 일한다는 뜻

☐ 獨 (단독) : 혼자 (獨 홀로 독)

☐ 價 (단가) : 낱개의 값 (價 값 가)

` ` ` ` ` ` ` ` ` ` ` ` 單 (필순)

單	單	單					

077 6급 달	達	통달할 달	辶=辵부 9획 총13획

새끼 양(羊)이 손쉽게 나오듯(辶=辵) 통달한다는 뜻

☐ 成 (달성) : 뜻한 바를 이룸 (成 이룰 성)

通 ☐ (통달) : 막힘이 없이 훤히 통함 (通 통할 통)

一 十 土 壵 幸 幸 幸 幸 達 達 達 達

達	達	達					

078 6급 담	談	말씀 담	言부 8획 총15획

화롯가(炎)에서 말(言)을 재미있게 이야기하는 것을 뜻함

會 ☐ (회담) : 만나서 서로 의논함 (會 모일 회)

俗 ☐ (속담) : 예로부터 전해오는 격언이나 잠언 (俗 풍속 속)

` 一 二 言 言 言 言 言 訤 訤 談 談 談 談 談

談	談	談					

079 7급 답	答	대답 답	竹부 6획 총12획

종이가 없던 때에 대나무(竹)쪽에 맞게(合) 회답한다고 하여 '대답하다' 라는 뜻이 됨

正 ☐ (정답) : 옳은 답 (正 바를 정)

解 ☐ (해답) : 문제를 풀어서 답함 (解 풀 해)

` ` ` ` ` 竹 竹 竺 笈 笒 笒 答 答

答	答	答					

080 9급 대	大	큰 대	大부 0획 총3획

사람이 두 팔과 다리를 벌리고 서 있는 모습을 본떠 만듦

☐ 軍 (대군) : 병사의 수효가 많은 군대 (軍 군사 군)

☐ 學 (대학) : 고등 교육을 베푸는 교육 기관 (學 배울 학)

一 ナ 大

大	大	大					

081 6급 대	對	대할 대 寸부 11획 총14획

종 기둥에 사람이 손(寸)을 대고 서 있음. 즉 '대하다' '마주보다' 라는 뜻

☐ 答 (대답) : 묻는 말에 자기의 뜻을 나타냄 (答 대답 답)

☐ 等 (대등) : 양쪽이 비슷함 (等 무리 등)

丨 丨丨 业 业 业 业 业 業 業 對 對

對 對 對

082 6급 덕	德	큰 덕 彳부 12획 총15획

행동(彳)이 올바른(直) 사람의 마음(心)으로 덕이 있음을 뜻함

道 ☐ (도덕) : 마땅히 지켜야 할 바른 도리와 행동 (道 길 도)

☐ 目 (덕목) : 덕을 분류하는 명목 (目 눈 목)

丿 丿 彳 彳 彳 彳 彳 彳 徳 徳 徳 徳 德 德 德

德 德 德

083 7급 도	圖	그림 도 口부 11획 총14획

일정한 토지(口)에서 농토를 나누어 그린 모양을 뜻함

☐ 書 (도서) : 글씨 · 그림 · 책 등을 통틀어 이르는 말 (書 글 서)

地 ☐ (지도) : 지구의 전부 혹은 일부를 평면으로 나타낸 그림 (地 땅 지)

丨 冂 冂 冂 冋 冋 冐 圄 圄 圖 圖 圖 圖 圖

圖 圖 圖

084 7급 도	島	섬 도 山부 7획 총10획

바다에서 새(鳥)가 날개를 쉬는 봉우리(山)가 있는 곳이 섬이라는 뜻

落 ☐ (낙도) : 외따로 멀리 떨어져 있는 섬 (落 떨어질 락)

無人 ☐ (무인도) : 사람이 살지 않는 섬 (無 없을 무) (人 사람 인)

丿 亻 亻 鸟 鸟 鸟 島 島 島 島

島 島 島

085 7급 도	度	법도 도 广부 6획 총9획

많은 것(庶)을 손(又)으로 헤아린다는 뜻으로 수량을 재는 단위의 총칭을 뜻함

角 ☐ (각도) : 각의 크기 (角 뿔 각)

强 ☐ (강도) : 센 정도 (强 강할 강)

丶 一 广 广 广 庐 庐 度 度

度 度 度

086 7급 도	道	길 도 辶=辵부 9획 총13획	☐ 路 (도로) : 사람이나 차들이 다니는 길 (路 길 로) ☐ 理 (도리) : 마땅히 지켜야 할 바른 길 (理 다스릴 리)

사람(首)이 다니는(辶) 길이나 사람이 살면서 지켜야 할 도리를 뜻함

丶 丷 ⺌ 并 苜 苴 首 首 道 道 道

道	道	道						

087 7급 도	都	도읍 도 阝=邑부 9획 총12획	☐ 心 (도심) : 도시의 중심 (心 마음 심) ☐ 邑 (도읍) : 서울 혹은 수도 (邑 고을 읍)

사람(者)이 많이 모여 사는 시내(阝=邑)라는 뜻

一 十 土 耂 耂 耂 者 者 者 都 都

都	都	都						

088 6급 도	到	이를 도 刂=刀부 6획 총8획	☐ 達 (도달) : 자기가 목적한 바에 이름 (達 통달할 달) ☐ 着 (도착) : 목적한 곳에 다다름 (着 붙을 착)

칼(刂=刀)을 가지고 이르다(至)는 의미에서 '도착하다'는 뜻

一 ㄢ ㄢ 乊 至 至 到 到

到	到	到						

089 8급 동	同	한가지 동 口부 3획 총6획	☐ 時 (동시) : 같은 때나 같은 시기 (時 때 시) 協 ☐ (협동) : 마음과 힘을 합함 (協 화합할 협)

여러 사람의 말(口)이 하나(一)로 된다는 뜻으로 말이 같음을 뜻함

丨 冂 冂 同 同 同

同	同	同						

090 8급 동	東	동녘 동 木부 4획 총8획	☐ 風 (동풍) : 동쪽에서 불어오는 바람 (風 바람 풍) ☐ 海 (동해) : 동쪽 바다 (海 바다 해)

나무(木)에 해(日)가 떠오르는 모습을 본떠 만듦

一 ㄇ 冂 币 盲 审 東 東

東	東	東						

| 091 7급 동 | 冬 | 겨울 동 冫부 3획 총5획 | ☐ 季 (동계) : 겨울철 (季 계절 계) |
| | | | ☐ 至 (동지) : 24절기의 하나. 밤이 가장 긴 날 (至 이를 지) |

사계절 중에서 맨 나중에 오며(夂) 춥고 얼음(冫)이 어는 계절을 뜻함

丶 ク 夂 冬 冬

| 冬 | 冬 | 冬 | | | | | | |

| 092 7급 동 | 童 | 아이 동 立부 7획 총12획 | ☐ 詩 (동시) : 어린이를 위한 시, 또는 어린이가 지은 시 (詩 시 시) |
| | | | ☐ 心 (동심) : 아이들의 마음 (心 마음 심) |

마을(里) 어귀에 서서(立) 노는 아이들을 뜻함

丶 亠 立 立 产 产 音 音 音 童 童

| 童 | 童 | 童 | | | | | | |

| 093 6급 동 | 動 | 움직일 동 力부 9획 총11획 | ☐ 作 (동작) : 어떤 일을 하려고 하는 몸의 움직임이나 놀림 (作 지을 작) |
| | | | 活 ☐ (활동) : 힘차게 몸을 움직임 (活 살 활) |

무거운(重) 것이라도 힘(力)을 들이면 '움직이게 된다' 는 뜻

一 亠 亍 言 盲 盲 重 重 動 動

| 動 | 動 | 動 | | | | | | |

| 094 6급 동 | 洞 | 골 동/밝을 통 氵=水부 6획 총9획 | ☐ 口 (동구) : 동네 어귀 또는 입구 (口 입 구) |
| | | | ☐ 察 (통찰) : 훤히 꿰뚫어 봄 (察 살필 찰) |

물(氵)이 있는 곳에 사람들이 같이(同) 모여 사는 마을이라는 뜻

丶 氵 氵 汈 洞 洞 洞 洞

| 洞 | 洞 | 洞 | | | | | | |

| 095 7급 등 | 等 | 무리 등 竹부 6획 총12획 | ☐ 數 (등수) : 등급에 따라 정한 차례 (數 셈 수) |
| | | | 平 ☐ (평등) : 모두가 다 고르고 한결 같음 (平 평평할 평) |

관청(寺)에서 서류(竹)를 같은 것끼리 정리하는 것을 뜻함

丶 ↗ ↗ ↗ ↗ ↗ 쑈 竺 竺 笙 等 等

| 等 | 等 | 等 | | | | | | |

| 096
6급
등 | 登 | 오를 등
癶부 7획
총12획 | ☐ 山 (등산) : 산에 오름 (山 메 산) |
| | | | ☐ 用 (등용) : 인재를 골라 뽑아 씀 (用 쓸 용) |

발을 높여서(癶) 제기(豆)를 높은 곳에 올려 놓기 위해 '올라가다' 라는 뜻임

ﾌ ﾌ ﾌ ﾌﾞ ﾌﾞ 癶 癶 癶 癶 登 登 登

| 登 | 登 | 登 | | | | | | | | |

| 097
8급
락 | 樂 | 즐길 락/음악 악
木부 11획
총15획 | ☐ 園 (낙원) : 근심없이 즐겁게 살기 좋은 곳 (園 동산 원) |
| | | | 軍 ☐ (군악) : 군대의 음악 (軍 군사 군) |

나무(木) 위에서 북(白)과 방울을 달아 악기를 연주하니 '즐겁다' 는 뜻이 됨

′ ′ ′ 白 白 白 白 絈 絈 緲 緲 緲 樂 樂 樂

| 樂 | 樂 | 樂 | | | | | | | | |

| 098
6급
락 | 落 | 떨어질 락
++=艸부 9획
총13획 | ☐ 選 (낙선) : 선거에서 떨어짐 (選 가릴 선) |
| | | | ☐ 葉 (낙엽) : 잎이 떨어짐, 또는 그 잎 (葉 잎 엽) |

풀(艸)잎이 물(水)처럼 아래로 떨어진다는 뜻

′ ′ ′ ′ ′ 艹 艹 艹 莎 莎 莎 落 落

| 落 | 落 | 落 | | | | | | | | |

| 099
8급
래 | 來 | 올 래
人부 6획
총8획 | ☐ 年 (내년) : 다음 해 (年 해 년) |
| | | | 往 ☐ (왕래) : 가고 오고 함 (往 갈 왕) |

옛날 중국에서 '보리' 와 '오다' 음이 비슷하여 보리의 모양을 본떠 만듦

‾ ′ ′ ′ 並 來 來 來

| 來 | 來 | 來 | | | | | | | | |

| 100
6급
려 | 旅 | 나그네 려
方부 6획
총10획 | ☐ 行 (여행) : 주거지를 떠나서 객지를 다니는 일 (行 다닐 행) |
| | | | ☐ 費 (여비) : 여행에 드는 비용 (費 쓸 비) |

군기(方)를 앞세운 병사들(人人)이 이동한다는 것에서 여행을 뜻함

′ ′ ′ 方 方 方 旂 旂 旅 旅

| 旅 | 旅 | 旅 | | | | | | | | |

연습문제

01-10 다음 한자(漢字)의 음(音)은 무엇입니까?

01 究 : ① 교　② 구　③ 극　④ 군　⑤ 국

02 郡 : ① 동　② 국　③ 구　④ 귀　⑤ 군

03 國 : ① 과　② 군　③ 국　④ 구　⑤ 궁

04 期 : ① 길　② 근　③ 기　④ 노　⑤ 등

05 今 : ① 념　② 기　③ 려　④ 근　⑤ 금

06 道 : ① 단　② 도　③ 독　④ 달　⑤ 덕

07 單 : ① 다　② 능　③ 동　④ 단　⑤ 독

08 農 : ① 농　② 능　③ 단　④ 다　⑤ 길

09 談 : ① 동　② 단　③ 다　④ 남　⑤ 담

10 同 : ① 능　② 도　③ 동　④ 답　⑤ 군

11-15 다음의 음(音)을 가진 한자(漢字)는 어느 것입니까?

11 군 : ① 交　② 九　③ 軍　④ 廣　⑤ 年

12 기 : ① 基　② 南　③ 洞　④ 近　⑤ 內

13 능 : ① 農　② 圖　③ 能　④ 多　⑤ 技

14 대 : ① 島　② 求　③ 登　④ 旅　⑤ 對

15 도 : ① 到　② 冬　③ 大　④ 多　⑤ 金

16-25 다음 한자(漢字)의 뜻은 무엇입니까?

16 念 : ① 생각　② 주일　③ 생일
　　　　④ 이제　⑤ 무리

17 吉 : ① 자라다　② 흉하다　③ 길하다
　　　　④ 이르다　⑤ 즐기다

18 年 : ① 불　② 산　③ 물
　　　　④ 손　⑤ 해

19 記 : ① 취하다　② 말하다　③ 기록하다
　　　　④ 연설하다　⑤ 떨어지다

20 氣 : ① 터　② 상승　③ 재주
　　　　④ 나라　⑤ 기운

21 同 : ① 아이　② 임금　③ 동녘
　　　④ 한가지　⑤ 움직이다

22 能 : ① 재주　② 법도　③ 농사
　　　④ 도읍　⑤ 능하다

23 談 : ① 말씀　② 훈계　③ 전설
　　　④ 설화　⑤ 대답

24 島 : ① 집　② 산　③ 섬
　　　④ 홀　⑤ 길

25 德 : ① 골　② 얻다　③ 고을
　　　④ 홀로　⑤ 크다

26-30 다음의 뜻을 가진 한자(漢字)는 어느 것입니까?

26 고을 : ① 交　② 課　③ 郡　④ 求　⑤ 今

27 사내 : ① 南　② 女　③ 男　④ 近　⑤ 究

28 터 　: ① 基　② 期　③ 技　④ 己　⑤ 內

29 대답 : ① 樂　② 多　③ 達　④ 大　⑤ 答

30 법도 : ① 等　② 來　③ 都　④ 度　⑤ 動

31-40 다음 한자어(漢字語)의 음(音)은 무엇입니까?

31 君臣 : ① 군신 ② 신하 ③ 충신 ④ 군민 ⑤ 간신

32 初期 : ① 후기 ② 초기 ③ 기간 ④ 기대 ⑤ 말기

33 氣分 : ① 기온 ② 용기 ③ 기도 ④ 심기 ⑤ 기분

34 信念 : ① 이념 ② 신념 ③ 정념 ④ 신조 ⑤ 신앙

35 基地 : ① 기지 ② 기항 ③ 토지 ④ 기조 ⑤ 기초

36 有能 : ① 유무 ② 기능 ③ 유선 ④ 유능 ⑤ 다능

37 單價 : ① 물가 ② 단독 ③ 단가 ④ 시가 ⑤ 단초

38 通達 : ① 도달 ② 통신 ③ 통쾌 ④ 전달 ⑤ 통달

39 角度 : ① 각축 ② 온도 ③ 각도 ④ 절도 ⑤ 정도

40 到來 : ① 도래 ② 도발 ③ 당도 ④ 미래 ⑤ 여래

| 101 9급 력 | 力 | 힘 력 力부 0획 총2획 | 體☐ (체력) : 몸의 힘이나 몸의 작업 능력 (體 몸 체) ☐量 (역량) : 일을 해낼 수 있는 능력 (量 헤아릴 량) |

팔에 힘을 주어서 근육이 튀어나온 모양을 본떠 만듦

フ力

| 力 | 力 | 力 | | | | | | | |

| 102 8급 령 | 令 | 하여금 령 人부 3획 총5획 | 命☐ (명령) : 윗사람이나 상위조직이 아랫사람에게나 하위조직에 무엇을 하게 함 (命 목숨 명) 假☐ (가령) : 가정하여 말하자면, 예를들면 (假 거짓 가) |

사람(人)들을 한곳(一)에 모아놓고 무릎을 꿇게(卩)하여 일을 시킨다는 뜻에서 명령하다 또는 하여금을 뜻함

丿 人 人 今 令

| 令 | 令 | 令 | | | | | | | |

| 103 7급 례 | 例 | 법식 례 亻=人부 6획 총8획 | ☐文 (예문) : 보기로 든 문장 (文 글월 문) 前☐ (전례) : 이전의 사례 (前 앞 전) |

사람이(人) 나란히 줄을 지어(列) 서 있다는 뜻

丿 亻 亻 亻 伢 例 例 例

| 例 | 例 | 例 | | | | | | | |

| 104 6급 례 | 禮 | 예도 례 示부 13획 총18획 | ☐節 (예절) : 예의에 관한 절차나 질서 (節 마디 절) 無☐ (무례) : 예의가 없음 (無 없을 무) |

제사 상(示)에 풍성하게(豊) 음식을 차리는 것이 예의라는 뜻

一 二 亍 亍 禾 禾 和 和 神 神 神 神 禮 禮 禮 禮 禮 禮

| 禮 | 禮 | 禮 | | | | | | | |

| 105 9급 로 | 老 | 늙을 로 老부 0획 총6획 | ☐人 (노인) : 나이가 많은 사람 (人 사람 인) 敬☐ (경로) : 노인을 공경함 (敬 공경 경) |

허리가 굽은 노인이 지팡이를 짚고 서 있는 모양을 본떠 만듦

一 十 土 耂 老 老

| 老 | 老 | 老 | | | | | | | |

106 6급 로	路	길 로 足부 6획 총13획	大☐ (대로) : 폭이 넓은 길 (大 큰 대) 通☐ (통로) : 통하여 다닐 수 있게 된 길 (通 통할 통)

사람이 발(足)로 각각(各) 걸어 다니는 곳에서 길을 뜻함

`丨 丁 卫 足 昆 昆 趵 趵 趵 路 路 路`

路	路	路					

107 6급 론	論	논할 론 言부 8획 총15획	結☐ (결론) : 끝맺는 말이나 설명하는 글 (結 맺을 결) 議☐ (의논) : 의견을 주고받음 (議 의논할 의)

책(侖)을 읽고 다른 사람과 생각을 정리하여 말한다(言)는 뜻

`丶 亠 亖 言 言 訶 詥 詥 論 論 論 論`

論	論	論					

108 7급 료	料	헤아릴 료 斗부 6획 총10획	資☐ (자료) : 무엇을 하기 위한 재료 (資 재물 자) ☐理 (요리) : 음식을 맛있게 조리함, 또는 그 음식 (理 다스릴 리)

쌀(米)이나 물건의 양을 잰다(斗)는 데서 헤아림을 뜻함

`丶 丷 半 米 米 米 料 料`

料	料	料					

109 6급 류	流	흐를 류 氵=水부 총10획	交☐ (교류) : 서로 섞여 오고가고 함 (交 사귈 교) 電☐ (전류) : 전기가 전선을 따라 흐름 (電 번개 전)

아기가 양수(氵=水)와 함께 순조롭게 흘러나옴을 뜻함

`丶 丶 氵 汴 浐 浐 法 浐 流 流`

流	流	流					

110 6급 률	律	법칙 률 彳부 6획 총9획	☐動 (율동) : 규칙적으로 되풀이하는 운동 (動 움직일 동) 法☐ (법률) : 국가가 제정하고 국민이 지켜야 할 규율 (法 법 법)

손(彳=手)에 붓을 잡고(聿) 기록을 하여 모두 지키도록 하는 것이 법칙이란 뜻임

`丶 丿 彳 彳 彳 律 律 律 律`

律	律	律					

111 8급 리	利	이로울 리								
		ㅣ=刀부 5획 총7획	□ 益 (이익) : 물질적, 정신적으로 보탬이 됨 (益 더할 익)							
			不 □ (불리) : 이롭지 아니함 (不 아닐 불)							
벼(禾)가 익어서 칼(刂)과 낫으로 베어 수확하니 살림살이에 이롭다는 뜻										
丿 一 干 禾 禾 利 利										
利	利	利								

112 7급 리	里	마을 리								
		里부 0획 총7획	鄕 □ (향리) : 고향 (鄕 시골 향)							
			□ 長 (이장) : 행정단위인 리(里)에서 사무를 보는 사람 (長 길 장)							
밭(田)과 토지(土)가 함께 있는 곳이라는 뜻임										
丨 冂 日 日 旦 里 里										
里	里	里								

113 6급 리	理	다스릴 리								
		王=玉부 7획 총11획	原 □ (원리) : 모든 일이 이루어지는 근본 이치 (原 언덕 원)							
			眞 □ (진리) : 참된 도리 (眞 참 진)							
구슬(玉←王)처럼 밝게 이치에 맞게 마을(里)을 다스리는 것을 뜻함										
一 二 干 王 王 玔 玾 理 理 理 理										
理	理	理								

114 7급 림	林	수풀 림								
		木부 4획 총8획	□ 野 (임야) : 숲과 들을 아울러 이름 (野 들 야)							
			山 □ (산림) : 산과 숲 (山 메 산)							
나무(木)와 나무(木)가 겹쳐져있는 숲을 뜻함										
一 十 才 才 木 村 材 林										
林	林	林								

115 9급 립	立	설 립								
		立부 0획 총5획	設 □ (설립) : 단체나 기관을 세움 (設 베풀 설)							
			國 □ (국립) : 나라에서 세움 (國 나라 국)							
사람(大)이 땅(一) 위에 서 있는 모양을 본떠 만듦										
丶 一 亠 立 立										
立	立	立								

116 9급 마	馬	말 마 馬부 0획 총10획	□夫 (마부) : 말을 부리는 사람 (夫 지아비 부) 木□ (목마) : 나무로 만든 말 (木 나무 목)

말의 모양(머리와 갈기, 몸통, 꼬리, 네 발)을 본떠 만듦

丨 厂 厂 厈 厈 匡 馬 馬 馬 馬

馬	馬	馬						

117 9급 만	萬	일만 만 ++=艸부 8획 총13획	□能 (만능) : 모든 일에 다 능통함 (能 능할 능) □物 (만물) : 세상의 모든 물건 (物 물건 물)

꼬리를 세운 전갈의 모양을 본떠 만든 글자로, 그 수가 많음을 뜻함

丨 艹 艹 艹 艻 莒 莒 莒 萬 萬 萬

萬	萬	萬						

118 6급 말	末	끝 말 木부 1획 총5획	結□ (결말) : 어떤 일이 마무리되는 끝 (結 맺을 결) □年 (말년) : 인생의 마지막 무렵 (年 해 년)

나무(木)의 끝에 선(一)을 그어 끝을 뜻함

一 二 丰 才 末

末	末	末						

119 6급 망	亡	망할 망 亠부 0획 총3획	死□ (사망) : 사람이 죽음 (死 죽을 사) 敗□ (패망) : 전쟁에 져서 망함 (敗 패할 패)

백성(亠)이 도망쳐서 숨어 달아나니 나라가 망한다는 뜻임

丶 亠 亡

亡	亡	亡						

120 7급 매	每	매양 매 母부 3획 총7획	□番 (매번) : 번번이 (番 차례 번) □日 (매일) : 날마다 (日 날 일)

매번 어린 아이(人)가 어머니(母)의 젖을 먹는다는 데서 매양을 뜻함

丿 一 仁 勺 毎 毎 毎

每	每	每						

121 9급 面 면	낮 면 面부 총9획	☐談 (면담) : 서로 만나서 이야기함 (談 말씀 담) 外☐ (외면) : 겉면, 겉모양 또는 보기를 꺼려 얼굴을 돌림 (外 바깥 외)

정면에서 본 사람 얼굴의 윤곽(口)과 이마(一)와 코(鼻)등을 나타냄

一 ナ 丆 丙 襾 襾 面 面 面

面	面	面							

122 8급 名 명	이름 명 口부 3획 총6획	☐作 (명작) : 이름난 작품 (作 지을 작) 有☐ (유명) : 이름이 널리 알려져 있음 (有 있을 유)

저녁(夕)이 되면 사람이 안 보이므로 이름을 말(口)로 불러야 한다는 뜻임

丿 ク タ 夕 名 名

名	名	名							

123 7급 命 명	목숨 명 口부 5획 총8획	運☐ (운명) : 사람에게 닥쳐올 좋고 나쁜 일 (運 옮길 운) 人☐ (인명) : 사람의 목숨 (人 사람 인)

명령(令)의 말(口)은 하늘의 명령이며, 이는 목숨과 같음을 뜻함

丿 人 人 今 合 合 命 命

命	命	命							

124 7급 明 명	밝을 명 日부 4획 총8획	分☐ (분명) : 틀림없이 확실하게 (分 나눌 분) ☐白 (명백) : 분명하고 뚜렷함 (白 흰 백)

해(日)와 달(月)이 함께 있으니 당연히 밝음을 뜻함

丨 冂 冃 日 日 明 明 明

明	明	明							

125 9급 母 모	어미 모 母부 1획 총5획	☐女 (모녀) : 어머니와 딸 (女 계집 녀) ☐國 (모국) : 자기의 조국 (國 나라 국)

어머니가 아이에게 젖을 먹이는 모양을 본떠 만듦

𠃋 口 口 母 母

母	母	母							

126 8급 모 **毛**	터럭(털) 모 毛부 0획 총4획	羊 ☐ (양모) : 양의 털 (羊 양 양) ☐ 根 (모근) : 머리카락이나 털의 뿌리 (根 뿌리 근)

사람이나 짐승의 털이 난 모양을 본떠 만듦

´ ⼆ ⼆ 毛

毛	毛	毛						

127 9급 목 **木**	나무 목 木부 0획 총4획	☐ 工 (목공) : 목수. 나무를 다루어 물건을 만드는 사람 (工 장인 공) 古 ☐ (고목) : 오래된 나무 (古 예 고)

땅에 뿌리를 박고 서 있는 나무(木)의 모양을 본떠 만듦

⼀ ⼗ ⼧ 木

木	木	木						

128 9급 목 **目**	눈 목 目부 0획 총5획	題 ☐ (제목) : 글이나 그림, 책, 노래 따위의 이름 (題 제목 제) ☐ 的 (목적) : 이루려는 일, 또는 나아가려는 방향 (的 과녁 적)

사람의 눈 모양을 본떠 만듦

⼁ ⼌ ⼌ 冃 目

目	目	目						

129 8급 무 **無**	없을 무 灬=火부 8획 총12획	☐ 事 (무사) : 일이 없음. 아무 탈이 없음 (事 일 사) ☐ 視 (무시) : 존재 의의나 가치를 알아주지 아니함 (視 볼 시)

숲에 불(灬=火)이 나서 모두 타고 없다는 뜻

´ ⼂ ⼂ ⼂ 午 午 卸 無 無 無 無 無

無	無	無						

130 7급 무 **武**	군인, 호반 무 止부 4획 총8획	☐ 力 (무력) : 군사상의 힘 (力 힘 력) ☐ 術 (무술) : 무기나 힘을 쓰는 기술 등 무도에 관한 기술 (術 재주 술)

창(戈)으로 병란을 막아 그치게(止) 한다는 뜻

⼀ ⼆ ⼆ 于 王 武 武 武

武	武	武						

131 9급 문	文	글월 문 文부 0획 총4획

몸에 ×모양과 같은 문신을 한 모양을 본떠 만듦

作☐ (작문) : 글을 지음 또는 그 글 (作 지을 작)

漢☐ (한문) : 한자 또는 한자로 된 문장 (漢 한수 한)

、 ー ナ 文

文	文	文							

132 9급 문	門	문 문 門부 0획 총8획

왼편과 오른편의 두 문짝 모양을 본떠 만듦

名☐ (명문) : 이름난 좋은 집안 (名 이름 명)

家☐ (가문) : 대대로 내려오는 집안의 사회적인 지위 (家 집 가)

丨 冂 冂 冂 冃 門 門 門

門	門	門							

133 7급 문	聞	들을 문 耳부 8획 총14획

남의집 대문(門) 앞에서 귀(耳)를 기울여서 듣는다는 뜻

見☐ (견문) : 보고 들음 (見 볼 견)

新☐ (신문) : 새로운 소식, 또는 그것을 신속하게 알려주는 정기 간행물 (新 새 신)

丨 冂 冂 冂 冃 門 門 門 門 門 門 門 聞 聞

聞	聞	聞							

134 6급 문	問	물을 문 口부 8획 총11획

남의 집 대문(門) 앞에서 말(口)로 물어본다는 뜻

☐答 (문답) : 물음과 대답 (答 대답 답)

☐病 (문병) : 아픈 사람을 찾아보고 위로함 (病 병 병)

丨 冂 冂 冂 冃 門 門 問 問 問 問

問	問	問							

135 7급 물	物	물건 물 牛부 4획 총8획

옛날부터 소(牛)는 중요한 재물이며 깃발(勿)을 펄럭일 만큼 자랑스러운 물건임을 뜻함

萬☐ (만물) : 세상의 온갖 물건 (萬 일만 만)

名☐ (명물) : 그 지방의 이름난 산물 (名 이름 명)

丿 ㇒ ㇒ 牛 牛 牣 物 物

物	物	物							

136 **7급** 미	美	**아름다울 미** 羊부 3획 총9획

양(羊)이 크고(大) 살이 쪄서 보기 좋다는 뜻에서 아름답다는 뜻이 됨

□ 人 (미인) : 아름다운 사람 (人 사람 인)

□ 風 (미풍) : 아름다운 풍속 (風 바람 풍)

丶 ⺍ ⺌ ⺸ ⺷ 羊 盖 美 美

美	美	美							

137 **6급** 미	未	**아닐 미** 木부 1획 총5획

나무(木)의 작은 가지(一) 끝에 달린 열매는 아직 익은 것이 아님을 뜻함

□ 着 (미착) : 아직 도착하지 않음 (着 붙을 착)

□ 開 (미개) : 꽃이 피지 않음, 또는 문화적으로 뒤떨어짐
(開 열 개)

一 二 十 才 未

未	未	未							

138 **8급** 민	民	**백성 민** 氏부 1획 총5획

눈이 보이지 않아 무지하다는 데서 교육을 못받은 사람 ; 일반 사람이란 뜻

農 □ (농민) : 농사에 종사하는 사람 (農 농사 농)

□ 家 (민가) : 일반 국민의 집 (家 집 가)

⺈ ⺘ ⺋ 民 民

民	民	民							

139 **7급** 반	半	**반 반** 十부 3획 총5획

소(牛)를 자르듯이 물건을 나누는 일 혹은 나눈 반쪽을 뜻함

前 □ (전반) : 전체를 둘로 나누어 앞쪽의 반 (前 앞 전)

折 □ (절반) : 하나를 똑같이 둘로 나눔, 또는 그 반쪽
(折 꺾을 절)

丶 ⺍ ⺌ ⺜ 半

半	半	半							

140 **7급** 반	反	**돌이킬 반** 又부 2획 총4획

손(又)바닥 뒤집듯 굴 바위(厂) 밑에서 뒤집는다는 뜻

□ 對 (반대) : 방향 순서 등이 거꾸로 임. 남의 의견에 찬성
하지 아니함 (對 대할 대)

相 □ (상반) : 서로 반대되거나 어긋남 (相 서로 상)

一 厂 反 反

反	反	反							

| 141 6급 발 | 發 | 필 발 癶부 7획 총12획 | □ 明 (발명) : 새로 생각해 내거나 만들어 냄 (明 밝을 명) |
| | | | □ 見 (발견) : 먼저 찾아냄 (見 볼 견) |

발걸음(癶)을 내딛고 활(弓)을 쏘고 창(殳)을 던지듯 쏘다 혹은 꽃이 핀다는 뜻

ㄱ ㄱ ㄱˊ ㄱˇ 癶 癶ˊ 癶 發 發 發 發 發

發　發　發

| 142 8급 방 | 方 | 모 방 方부 0획 총4획 | □ 向 (방향) : 향하거나 나아가는 쪽 (向 향할 향) |
| | | | □ 法 (방법) : 어떤 목적을 달성하기 위하여 취하는 수단 (法 법 법) |

통나무배 두 척이 나란히 하고 있는 모양을 본떠 만듦

丶 一 亍 方

方　方　方

| 143 7급 방 | 放 | 놓을 방 攵=攴부 4획 총8획 | 開 □ (개방) : 문을 열어 놓음 (開 열 개) |
| | | | □ 學 (방학) : 학교에서 학기를 마치고 한동안 수업을 쉼 (學 배울 학) |

일을 하는(攵=攴) 것을 못하게 멀찌감치 놓다(方)라는 뜻

丶 一 亍 方 扩 扩 放 放

放　放　放

| 144 8급 백 | 白 | 흰 백 白부 0획 총5획 | □ 馬 (백마) : 털빛이 흰 말 (馬 말 마) |
| | | | 告 □ (고백) : 마음 속에 숨기고 있던 것을 털어 놓음 (告 고할 고) |

햇빛(日)이 위(丶)를 향하여 비추는 모양을 본떠 만듦

丿 亻 白 白 白

白　白　白

| 145 8급 백 | 百 | 일백 백 白부 1획 총6획 | □ 方 (백방) : 온갖 방법, 혹은 여러 방면 (方 모 방) |
| | | | □ 姓 (백성) : 일반 국민 (姓 성 성) |

하나(一)부터 시작하여 100까지 세어서 밝게(白) 말하다라는 뜻

一 亍 亓 百 百 百

百　百　百

146 **7급** 번	番	**차례 번** 田부 7획 총12획

농부의 발자국(釆)이 밭(田)에 차례로 나타나 있음을 뜻함

□號 (번호) : 차례를 표시하는 숫자나 부호 (號 이름 호)

當□ (당번) : 차례의 순서가 됨, 또는 그 사람 (當 마땅할 당)

丿 ㄅ ㄇ ㅁ 平 平 采 采 番 番 番 番

番 番 番

147 **8급** 법	法	**법 법** 氵=水부 5획 총8획

물(水)은 높은데서 낮은 곳으로 흘러가면서 더러운 것을 제거하는(去) 규칙이 있음을 뜻함

□度 (법도) : 생활상의 예법과 제도 (度 법도 도)

立□ (입법) : 법을 제정함 (立 설 립)

丶 丶 氵 氵 汁 沣 法 法

法 法 法

148 **6급** 별	別	**다를, 나눌 별** 刂=刀부 5획 총7획

가축의 살과 뼈를 칼(刂)로 갈라서 나누어 구별하는 것을 뜻함

□個 (별개) : 어떤 것에 함께 포함시킬 수 없는 것 (個 낱 개)

特□ (특별) : 보통과 아주 다름 (特 특별할 특)

丶 冂 口 戸 另 別 別

別 別 別

149 **8급** 병	兵	**병사 병** 八부 5획 총7획

무기(斤)를 양 손으로 쥐고 있음을 뜻함

卒□ (졸병) : 계급이 낮은 병사 (卒 마칠 졸)

□法 (병법) : 군사 작전의 방법 (法 법 법)

丿 厂 厅 斤 丘 兵 兵

兵 兵 兵

150 **7급** 병	病	**병 병** 疒부 5획 총10획

병상에 드러누운 모양(疒)의 사람은 아픈 사람이 분명하다(丙)는 뜻임

□室 (병실) : 병원에서 환자가 있는 방 (室 집 실)

問□ (문병) : 아픈 사람을 찾아보고 위로함 (問 물을 문)

丶 亠 广 广 扩 疒 疠 病 病 病

病 病 病

연습문제

01-10 다음 한자(漢字)의 음(音)은 무엇입니까?

01 路 : ① 련 ② 력 ③ 록 ④ 론 ⑤ 로

02 禮 : ① 두 ② 로 ③ 례 ④ 득 ⑤ 리

03 萬 : ① 마 ② 막 ③ 망 ④ 만 ⑤ 례

04 命 : ① 매 ② 망 ③ 미 ④ 립 ⑤ 명

05 每 : ① 립 ② 마 ③ 매 ④ 류 ⑤ 방

06 論 : ① 리 ② 류 ③ 료 ④ 론 ⑤ 련

07 物 : ① 민 ② 문 ③ 물 ④ 미 ⑤ 리

08 發 : ① 반 ② 명 ③ 모 ④ 목 ⑤ 발

09 放 : ① 반 ② 박 ③ 방 ④ 문 ⑤ 명

10 美 : ① 무 ② 목 ③ 명 ④ 미 ⑤ 반

11-15 다음의 음(音)을 가진 한자(漢字)는 어느
것입니까?

11 례 : ① 落 ② 料 ③ 令 ④ 例 ⑤ 老

12 류 : ① 律 ② 立 ③ 流 ④ 馬 ⑤ 番

13 리 : ① 每 ② 里 ③ 林 ④ 命 ⑤ 別

14 민 : ① 民 ② 無 ③ 毛 ④ 文 ⑤ 問

15 목 : ① 未 ② 木 ③ 放 ④ 名 ⑤ 病

16-25 다음 한자(漢字)의 뜻은 무엇입니까?

16 律 : ① 일만 ② 목숨 ③ 바다
        ④ 법칙 ⑤ 병사

17 馬 : ① 소 ② 양 ③ 새
        ④ 개 ⑤ 말

18 面 : ① 낯 ② 뭍 ③ 마을
        ④ 요금 ⑤ 목숨

19 料 : ① 계측하다 ② 측량하다 ③ 헤아리다
        ④ 나무라다 ⑤ 돌이키다

20 亡 : ① 패하다 ② 망하다 ③ 묻히다
        ④ 이롭다 ⑤ 다르다

21 美 : ① 해　　　② 쌀　　　③ 희다

　　　④ 나누다　　⑤ 아름답다

22 放 : ① 밀다　　　② 굳다　　　③ 놓다

　　　④ 막다　　　⑤ 피다

23 半 : ① 풀　　　② 꽃　　　③ 박

　　　④ 반　　　⑤ 채소

24 文 : ① 나라　　　② 글월　　　③ 백성

　　　④ 나무　　　⑤ 새기다

25 毛 : ① 발　　　② 손　　　③ 간

　　　④ 눈　　　⑤ 터럭

26-30 다음의 뜻을 가진 한자(漢字)는 어느 것입니까?

26 힘　　　: ① 兵 ② 反 ③ 利 ④ 力 ⑤ 母

27 다스리다 : ① 萬 ② 末 ③ 里 ④ 武 ⑤ 理

28 논하다 : ① 論 ② 命 ③ 里 ④ 萬 ⑤ 方

29 밝다　　: ① 名 ② 門 ③ 目 ④ 明 ⑤ 百

30 물건　　: ① 民 ② 放 ③ 物 ④ 無 ⑤ 老

31-40 다음 한자어(漢字語)의 음(音)은 무엇입니까?

31 流行 : ① 교류 ② 전류 ③ 유행 ④ 급류 ⑤ 통행

32 法律 : ① 율동 ② 법률 ③ 자율 ④ 타율 ⑤ 율법

33 原理 : ① 원리 ② 천리 ③ 읍리 ④ 이상 ⑤ 구상

34 便利 : ① 승리 ② 유리 ③ 편리 ④ 이용 ⑤ 금리

35 立場 : ① 국립 ② 공장 ③ 입장 ④ 기립 ⑤ 마장

36 萬能 : ① 기태 ② 만사 ③ 만약 ④ 기능 ⑤ 만능

37 名目 : ① 명목 ② 이목 ③ 명필 ④ 목적 ⑤ 명색

38 無事 : ① 무심 ② 무선 ③ 무사 ④ 유무 ⑤ 유사

39 問題 : ① 문안 ② 방문 ③ 문답 ④ 문제 ⑤ 방안

40 放心 : ① 내방 ② 방심 ③ 방한 ④ 방북 ⑤ 내심

| 151 7급 보 | 保 | 지킬 보 イ=人부 7획 총9획 | | □ 存 (보존) : 잘 보호하여 유지함 (存 있을 존) |
| □ 有 (보유) : 가지고 있음 (有 있을 유) |

어른이(人) 어린 아이를 지키고 보살핀다는 데서 '보전하다' 라는 뜻

ノ イ イ' イ' 仁 仁 仔 仔 保 保

| 保 | 保 | 保 | | | | | | | |

| 152 7급 보 | 步 | 걸음 보 止부 3획 총7획 | 初□ (초보) : 보행 또는 학문 기술 등의 첫걸음 (初 처음 초) |
| □行 (보행) : 두 다리로 걷는 것 (行 다닐 행) |

止(지)는 발의 모양이며 步(보)는 止를 위와 아래로 합한 것으로 걸음을 뜻함

ー 止 止 止 歩 歩 歩

| 步 | 步 | 步 | | | | | | | |

| 153 6급 보 | 報 | 갚을, 알릴 보 土부 9획 총12획 | □ 答 (보답) : 남의 은혜를 갚음 (答 대답 답) |
| □ 道 (보도) : 나라 안팎에서 생긴 일을 전하여 알려줌 (道 길 도) |

죄를 짓고(幸) 사람에게 죄 만큼 대가를 갚아주고 이를 알려준다는 뜻

ー 十 土 キ キ 坴 坴 幸 刲 報 報 報

| 報 | 報 | 報 | | | | | | | |

| 154 7급 복 | 服 | 옷 복 月부 4획 총8획 | 洋□ (양복) : 서양식의 옷 (洋 큰바다 양) |
| 校□ (교복) : 학교마다 학생에게 입히는 옷 (校 학교 교) |

몸을 보호하기 위한 첫 번째가 옷을 입는 것이라는 뜻

ノ 月 月 月 月 肝 那 服 服

| 服 | 服 | 服 | | | | | | | |

| 155 6급 복 | 福 | 복 복 示부 9획 총14획 | 多□ (다복) : 복이 많음 (多 많을 다) |
| 祝□ (축복) : 앞날의 행복을 빌어줌 (祝 빌 축) |

제사상(礻←示)에 제사 음식과 술을 잘 차리고(豊) 복을 받음을 뜻함

ー 二 テ テ 示 示 示 祚 祚 祚 祸 福 福 福

| 福 | 福 | 福 | | | | | | | |

156 8급 본	本	근본 본 木부 1획 총5획	☐ 部 (본부) : 어떤 조직의 중심이 되는 기관 (部 떼 부)
			☐ 心 (본심) : 꾸밈이나 거짓이 없는 참마음 (心 마음 심)

나무(木)의 근본은 그 뿌리(一)에 있으며 뿌리는 나무의 기본이 됨을 뜻함

一 十 才 木 本

本　本　本

157 7급 봉	奉	받들 봉 大부 5획 총8획	☐ 養 (봉양) : 부모나 조부모를 받들어 모심 (養 기를 양)
			信 ☐ (신봉) : 사상·학설·교리 따위를 옳다고 믿고 받듦 (信 믿을 신)

음을 나타내는 泰에서 水를 뺀 부분과 두 손(手)으로 받든다는 뜻을 합하여 '받들다'를 뜻함

一 二 三 声 夫 表 表 奉

奉　奉　奉

158 9급 부	夫	지아비 부 大부 1획 총4획	☐ 婦 (부부) : 남편과 아내 (婦 며느리 부)
			兄 ☐ (형부) : 언니의 남편 (兄 형 형)

상투(一)를 한 늠름한 사내(大), 즉 남자 어른을 뜻함

一 二 夫 夫

夫　夫　夫

159 9급 부	父	아비 부 父부 0획 총4획	☐ 子 (부자) : 아버지와 아들 (子 아들 자)
			祖 ☐ (조부) : 할아버지 (祖 할아비 조)

회초리(八=父)를 손(又)에 들고 자식을 가르치는 아버지라는 뜻

ノ ハ グ 父

父　父　父

160 8급 불	不	아닐 불(부) 一부 3획 총4획	☐ 信 (불신) : 믿지 아니함 (信 믿을 신)
			☐ 便 (불편) : 편리하지 않고 거북스러움 (便 편할 편)

하늘(一)로 높이 날아간 새가 보이지 않는다에서 아니다의 뜻이 됨

一 丁 不 不

不　不　不

161 6급 부	婦	며느리 부
		女부 8획 총11획

여자(女)가 시집와서 빗자루(帚)로 청소한다는 뜻에서 며느리 또는 아내란 뜻이 됨

□ 人 (부인) : 결혼한 여자 (人 사람 인)

子 □ (자부) : 며느리 (子 아들 자)

`く 𡿨 女 女⁻ 女ⁱ 女ⁱ 女ⁱⁱ 婦 婦 婦 婦`

婦	婦	婦							

162 6급 부	富	부자 부
		宀부 9획 총12획

집 안(宀)에 재물과 물건(畐)이 가득차 있는 집은 부자란 뜻

□ 貴 (부귀) : 재산이 많고 지위가 높음 (貴 귀할 귀)

豊 □ (풍부) : 넉넉하고 많음 (豊 풍성할 풍)

`丶 宀 宀 宀 宀 官 富 富 富 富 富`

富	富	富							

163 6급 부	復	다시 부/회복할 복
		彳부 9획 총12획

온 길(彳)을 다시 돌아가는(夊) 일을 되풀이한다는 데서 돌아오다, 다시의 뜻이 됨

□ 活 (부활) : 죽었다가 다시 되살아남 (活 살 활)

反 □ (반복) : 같은 일을 되풀이 함 (反 돌이킬 반)

`丿 丿 彳 彳 彳 彳 衻 衻 復 復 復 復`

復	復	復							

164 8급 부	北	북녘 북/달아날 배
		匕부 3획 총5획

서로 등지고 있는 모양으로 등진 쪽이 북쪽이며, 등을 돌리는 것은 달아나는 것임을 뜻함

□ 風 (북풍) : 북쪽에서 불어오는 바람 (風 바람 풍)

敗 □ (패배) : 전쟁이나 겨룸에서 짐 (敗 패할 패)

`丨 亅 ニ 北 北`

北	北	北							

165 8급 분	分	나눌 분
		刀부 2획 총4획

칼(刀)로 물건을 가르고 나눈다(八)는 뜻

□ 野 (분야) : 어떤 일의 한 부분이나 범위 (野 들 야)

□ 校 (분교) : 본교로부터 따로 나누어 지은 학교 (校 학교 교)

`丿 八 分 分`

分	分	分							

166 **7급** 비	比	**견줄 비** 比부 0획 총4획

오른쪽으로 향해 두 사람이 나란히 서있는 모양(匕+匕)을 본떠 만듦

☐ 較	(비교) : 둘 이상의 것을 견주어 차이나 공통점 등을 살피는 것 (較 비교할 교)
☐ 等	(비등) : 견주어 보아 서로 비슷함 (等 무리 등)

一 ナ 比 比

比　比　比

---

167 **7급** 비	非	**아닐 비** 非부 0획 총8획

새의 좌우로 벌린 날개 모양을 본떠 만든 글자로, 방향이 서로 같지 아니하다는 뜻

☐ 常	(비상) : 뜻밖의 긴급 사태, 또는 보통이 아님 (常 항상(떳떳할) 상)
☐ 行	(비행) : 그릇된 행위. 나쁜 짓 (行 다닐 행)

丿 丿 刁 非 非 非 非 非

非　非　非

---

168 **6급** 비	備	**갖출 비** 亻=人부 10획 총12획

사람(亻=人)이 물건을 가지런히 갖추어 준비한다는 뜻

守 ☐	(수비) : 지역이나 구역 등을 적의 침입으로부터 지키어 막음 (守 지킬 수)
對 ☐	(대비) : 어떤 일에 대응할 준비를 함 (對 대할 대)

丿 亻 亻 伫 伂 供 俨 俻 備 備 備 備

備　備　備

---

169 **8급** 사	事	**일 사** 亅부 7획 총8획

사건을 역사의 기록으로 만드는 일은 중요한 일이라는 데서 일을 뜻하게 됨

☐ 實	(사실) : 실제로 있거나 있었던 일 (實 열매 실)
☐ 情	(사정) : 일의 형편이나 그렇게 된 까닭 (情 뜻 정)

一 ナ 百 亘 写 写 事 事

事　事　事

---

170 **8급** 사	史	**역사 사** 口부 2획 총5획

손(又)이 붓(中)을 들고 역사를 기록한다는 뜻

歷 ☐	(역사) : 지나온 일이나 기록 (歷 지날 력)
國 ☐	(국사) : 우리 나라의 역사 (國 나라 국)

丿 口 口 史 史

史　史　史

171 8급 사	四	넉 **사** 口부 2획 총5획	□ 方 (사방) : 동서남북의 네 방향 (方 모 방) □ 寸 (사촌) : 아버지와 어머니 친형제의 아들이나 딸 (寸 마디 촌)

두 이(二)에 두 이(二)를 합한 글자, 또는 손가락 네 개를 펴서 넷을 나타냄

丨 冂 冂 四 四

四	四	四							

172 8급 사	士	선비 **사** 士부 0획 총3획	武 □ (무사) : 무술을 익혀 전쟁에 종사하는 사람 (武 군인(호반) 무) 名 □ (명사) : 사회에서 이름난 사람 (名 이름 명)

하나를(一) 배우면 열을(十) 깨우치는 사람이라는 데서 선비를 뜻함

一 十 士

士	士	士							

173 7급 사	師	스승 **사** 巾부 7획 총10획	教 □ (교사) : 소정의 자격을 가지고 학생을 가르치거나 돌보는 사람 (教 가르칠 교) 藥 □ (약사) : 의사의 처방에 따라 약을 조제하거나 의약품을 파는 사람 (藥 약 약)

제자들이 쌓이듯이(阜) 빙 둘러 있는(巾) 가운데 학문을 가르치는 스승을 뜻함

丿 亻 亻 亡 亡 亡 師 師 師 師

師	師	師							

174 7급 사	死	죽을 **사** 歹부 2획 총6획	□ 亡 (사망) : 죽음 (亡 망할 망) □ 守 (사수) : 죽음을 무릅쓰고 지킴 (守 지킬 수)

병든 사람이 뼈만 앙상하더니(歹) 큰 변화(匕)를 일으켜 죽는 것을 나타내 죽다, 죽이다란 뜻이 됨

一 丆 歹 歹 死 死

死	死	死							

175 6급 사	仕	섬길 **사** 亻=人부 3획 총5획	奉 □ (봉사) : 나라나 사회 또는 남을 위하여 자신의 이해를 돌보지 아니하고 몸과 마음을 다하여 일함 (奉 받들 봉) 出 □ (출사) : 벼슬하러 관아에 나감 (出 날 출)

사람(亻=人)이 선비(士)가 된다는 뜻에서 학문에 힘쓴 후 벼슬에 나아간다는 뜻이 됨

丿 亻 亻 仕 仕

仕	仕	仕							

176 6급 사	思	생각 사 心부 5획 총9획

머리(田)와 마음(心)을 합하여 머리와 심장으로 생각한다는 뜻이 됨

□ 想 (사상) : 논리적 정합성을 가진 판단 체계 (想 생각 상)

意 □ (의사) : 무엇을 하고자 하는 생각 (意 뜻 의)

`ノ 冂 日 用 田 田 思 思 思`

思	思	思							

---

177 9급 산	山	메 산 山부 0획 총3획

우뚝 솟은 산봉우리의 모습을 본떠 만듦

□ 林 (산림) : 산과 숲 (林 수풀 림)

□ 所 (산소) : 무덤의 높임말 (所 바 소)

`丨 山 山`

山	山	山							

---

178 6급 산	産	낳을 산 生부 6획 총11획

선비(彦)가 될 사내아이를 낳는(生) 것을 나타내어 낳다, 생산하다의 뜻이 됨

生 □ (생산) : 인간이 생활하는 데 필요한 각종 물건을 만들어 냄 (生 날 생)

不 動 □ (부동산) : 토지나 건물, 수목 등 움직여 옮길 수 없는 재산 (不 아닐 부) (動 움직일 동)

`丶 亠 亠 立 产 产 产 产 彦 産 産`

産	産	産							

---

179 6급 산	算	셈할 산 竹부 8획 총14획

대나무(竹)와 같은 것을 갖추어(具) 두고 헤아려 센다는 뜻이 합하여 '셈하다' 라는 뜻이 됨

計 □ (계산) : 수량을 헤아림 (計 셀 계)

暗 □ (암산) : 머릿속으로 계산함 (暗 어두울 암)

`ノ ┌ ╱ ╱ ⺮ ⺮ 竻 竻 笪 管 笪 算 算`

算	算	算							

---

180 8급 삼	三	석 삼 一부 2획 총3획

세 손가락을 옆으로 펴거나 나무 젓가락 셋을 옆으로 뉘어 놓은 모양을 나타내어 셋을 뜻함

□ 寸 (삼촌) : 아버지의 형제 (寸 마디 촌)

□ 多 島 (삼다도) : 바람, 여자, 돌의 세 가지가 많은 섬이라는 뜻으로, '제주도' 를 이르는 말 (多 많을 다) (島 섬 도)

`一 二 三`

三	三	三							

181 8급 상	上	윗 상	一부 2획 총3획

물건(卜)이 기준선(一) 위에 있는 것을 나타내어 위의 뜻이 됨

世☐ (세상) : 사람이 살고 있는 모든 사회를 통틀어 이르는 말 (世 인간 세)

☐昇 (상승) : 낮은 데서 위로 올라감 (昇 오를 승)

丨卜上

上	上	上							

182 8급 상	商	장사 상	口부 8획 총11획

言(언)과 内(내)를 합쳐서 상품을 자세히 설명해서 판다는 뜻이 됨

☐人 (상인) : 장사를 하는 사람 (人 사람 인)

☐品 (상품) : 팔고 사는 물건 (品 물건 품)

丶 亠 十 产 产 产 产 商 商 商 商

商	商	商							

183 6급 상	想	생각 상	心부 9획 총13획

서로(相) 마음(心) 속으로 상대방, 사물, 이치 등을 생각한다는 뜻

感☐ (감상) : 마음에 느끼어 일어나는 생각 (感 느낄 감)

發☐ (발상) : 어떤 생각을 해냄, 또는 그 생각 (發 필 발)

一 十 才 木 札 相 相 相 相 想 想 想 想

想	想	想							

184 6급 상	相	서로 상	目부 4획 총9획

여러 가지 나무(木)의 재질을 서로 비교하여 살펴보는(目) 것을 나타내어 보다, 서로의 뜻이 됨

☐對 (상대) : 서로 마주 대함 (對 대할 대)

☐談 (상담) : 문제를 해결하거나 궁금증을 풀기 위하여 서로 의논함 (談 말씀 담)

一 十 才 木 机 相 相 相 相

相	相	相							

185 6급 상	賞	상줄 상	貝부 8획 총15획

재물(貝)을 높인다(尙)는 뜻으로 공을 세운 사람에게 재물(貝)을 준다는 뜻이 됨

☐金 (상금) : 상으로 주는 돈 (金 쇠 금)

入☐ (입상) : 상을 타는 데 들게 됨 (入 들 입)

丨 丷 丷 爫 觉 尚 尚 尚 尚 賞 賞 賞 賞 賞 賞

賞	賞	賞							

186 8급 색	色	빛 색 色부 0획 총6획

사람(人)이 무릎을 꿇으니(巴) 얼굴의 색깔을 잘 알수 있다는 데서 안색 또는 빛깔을 뜻함

☐ 素 (색소) : 색깔을 나타내게 하는 본바탕이 되는 물질 (素 본디 소)

本 ☐ (본색) : 본디의 빛깔이나 성질 (本 근본 본)

丶 ⺈ ⺈ 乌 乌 色

色	色	色									

187 8급 생	生	날 생 生부 0획 총5획

씨앗이 싹터 땅(土) 위에 돋아나듯 새 생명을 낳는다는 뜻이 됨

☐ 物 (생물) : 살아있는 물체 (物 물건 물)

☐ 日 (생일) : 세상에 태어난 날 (日 날 일)

丿 ㇒ 一 牛 生

生	生	生									

188 8급 서	書	글 서 日부 6획 총10획

붓(聿)으로 글자를 써서, 말(日)로 해야 할 것을 적은 것이 글, 글씨이며 그 글씨로 쓴 책, 문서라는 뜻

讀 ☐ (독서) : 책을 읽음 (讀 읽을 독)

☐ 面 (서면) : 일정한 내용을 적은 문서 (面 낯 면)

㇇ ㇇ ㇋ ㇋ 크 聿 聿 書 書 書

書	書	書									

189 8급 서	西	서녘 서 襾부 0획 총6획

저녁 때 해가 서쪽에 기울어 새가 둥지에 돌아간다는 데서 서녘을 뜻함

☐ 洋 (서양) : 유럽과 아메리카주의 여러 나라를 이르는 말 (洋 큰바다 양)

東 ☐ (동서) : 동쪽과 서쪽 (東 동녘 동)

一 丆 丆 两 西 西

西	西	西									

190 7급 서	序	차례 서 广부 4획 총7획

집(广)을 당겨서 편다(予)라는 뜻을 합해 순서, 차례를 뜻함

☐ 論 (서론) : 말이나 글에서 본격적인 논의를 하기위한 실마리가 되는 부분 (論 논할 론)

順 ☐ (순서) : 정해 놓은 차례 (順 순할 순)

丶 一 广 广 户 序 序

序	序	序									

191
9급
석

夕

저녁 석

夕부 0획
총3획

해가 저물 무렵의 달이 희미하게 보이는 것을 나타내기 위해 달 월(月)에서 한 획을 줄여 저녁을 뜻함

□陽 (석양) : 해질 무렵 (陽 볕 양)

秋□ (추석) : 우리나라 명절의 하나인 음력 팔월 보름날 (秋 가을 추)

丿 ク 夕

夕 夕 夕

192
9급
석

石

돌 석

石부 0획
총5획

언덕 아래 뒹굴고 있는 돌의 모양을 본떠 만듦

□油 (석유) : 땅속에서 천연으로 나는 탄화수소를 주성분으로 하는 가연성 기름 (油 기름 유)

化□ (화석) : 옛날 동물이나 식물이 지층에 묻혀 돌처럼 굳어진 것 (化 될 화)

一 ア 不 石 石

石 石 石

193
6급
석

席

자리 석

巾부 7획
총10획

헝겊(巾)을 놓아두어 자리를 구분한다는 데서 자리를 뜻함

出□ (출석) : 수업 등에 나감 (出 날 출)

座□ (좌석) : 앉을 수 있게 마련된 자리 (座 자리 좌)

丶 亠 广 广 户 庐 庐 庐 庐 席

席 席 席

194
7급
선

先

먼저 선

儿부 4획
총6획

세상을 이미 살아 간(生←之) 사람(儿)을 나타내어 먼저, 옛 이전의 뜻이 됨

□頭 (선두) : 첫머리 (頭 머리 두)

□進國 (선진국) : 경제와 문화가 앞선 나라 (進 나아갈 진) (國 나라 국)

丿 ᅳ 丩 生 生 先

先 先 先

195
7급
선

線

줄 선

糸부 9획
총15획

실(糸)처럼 샘(泉)이 솟아오른다는 데서 줄을 뜻함

曲□ (곡선) : 굽은 선 (曲 굽을 곡)

電□ (전선) : 전기가 통하는 금속선 (電 번개 전)

乙 幺 幺 乡 糸 糸 糸' 糸'' 約 約 約 紳 綽 綽 線

線 線 線

196 6급 선	船	**배 선** 舟부 5획 총11획

漁☐ (어선) : 고기잡이를 하는 배 (漁 고기잡을 어)

☐長 (선장) : 배의 항해와 배 안의 모든 사무를 책임지고
선원들을 통솔하는 최고 책임자 (長 길 장)

나무로 배(舟)를 만들어 물길을 따라 흘러간다(沿)는 데서 배를 뜻함

`' ｊ 刀 月 月 舟 舟 舡 舡 船 船`

船　船　船

---

197 6급 선	選	**가릴 선** 辶=辵부 12획 총16획

☐擧 (선거) : 일정한 조직이나 집단이 대표자나 임원을
뽑는 일 (擧 들 거)

☐擇 (선택) : 여럿 가운데서 필요한 것을 골라 뽑음
(擇 가릴 택)

제사를 지내러 쉬엄쉬엄 간다(辶)와 가지런히 한다(巽)가 합하여 제사를
지내러 갈 사람을 고른다는 뜻이 됨

`' ｐ ｐ ｐ ｐ 巴 畀 畀 毘 巽 巽 巽 選 選 選`

選　選　選

---

198 6급 선	鮮	**고울 선** 魚부 6획 총17획

☐明 (선명) : 산뜻하고 밝음 (明 밝을 명)

新☐ (신선) : 새롭고 깨끗함 (新 새 신)

양고기(羊)처럼 맛있는 물고기(魚)는 싱싱하다는 뜻을 합하여 '곱다' 라
는 뜻이 됨

`' ｸ ｸ 名 各 帛 角 魚 魚 魚 魚 魚 魚 鮮 鮮 鮮 鮮`

鮮　鮮　鮮

---

199 6급 설	設	**베풀 설** 言부 4획 총11획

☐計 (설계) : 계획을 세움 (計 셀 계)

☐立 (설립) : 베풀어 세움 (立 설 립)

명령하는 말(言)을 하여 다른 사람을 부려서(殳) 물건을 만든다는 뜻

`' ｎ ｔ ｔ 言 言 言 言 設 設 設`

設　設　設

---

200 6급 설	說	**말씀 설** 言부 7획 총14획

☐得 (설득) : 설명하여 알아듣게 함 (得 얻을 득)

☐明 (설명) : 알기 쉽게 풀어서 말함 (明 밝을 명)

내용을 말(言)로 상대방이 기꺼이(兌) 알아듣게 풀이하는 말씀(설), 자기의 주
장을 조리 있게 말하여 달래다(세), 진리의 말씀을 깨달아 기쁘다(열)는 뜻

`' ｎ ｔ ｔ 言 言 言 言 訪 訪 訪 說 說`

說　說　說

 **연습문제**

01-10 다음 한자(漢字)의 음(音)은 무엇입니까?

01 奉 : ① 보 ② 복 ③ 부 ④ 반 ⑤ 봉

02 富 : ① 봉 ② 부 ③ 북 ④ 보 ⑤ 복

03 師 : ① 비 ② 수 ③ 빈 ④ 사 ⑤ 본

04 分 : ① 별 ② 빈 ③ 분 ④ 산 ⑤ 봉

05 産 : ① 산 ② 사 ③ 불 ④ 비 ⑤ 부

06 備 : ① 불 ② 분 ③ 빈 ④ 삭 ⑤ 비

07 算 : ① 분 ② 산 ③ 비 ④ 불 ⑤ 복

08 色 : ① 상 ② 색 ③ 선 ④ 삼 ⑤ 배

09 序 : ① 상 ② 서 ③ 석 ④ 비 ⑤ 사

10 線 : ① 생 ② 살 ③ 설 ④ 산 ⑤ 선

11-15 다음의 음(音)을 가진 한자(漢字)는 어느 것입니까?

11 복 : ① 婦 ② 保 ③ 步 ④ 復 ⑤ 夫

12 비 : ① 不 ② 北 ③ 山 ④ 備 ⑤ 石

13 불 : ① 設 ② 非 ③ 本 ④ 比 ⑤ 不

14 서 : ① 士 ② 西 ③ 鮮 ④ 先 ⑤ 服

15 석 : ① 書 ② 三 ③ 夕 ④ 生 ⑤ 仕

16-25 다음 한자(漢字)의 뜻은 무엇입니까?

16 報 : ① 치다 ② 갈다 ③ 덮다
　　　④ 죽다 ⑤ 갚다

17 富 : ① 수행 ② 논밭 ③ 부자
　　　④ 번지 ⑤ 사기

18 復 : ① 수리하다 ② 유지하다 ③ 보전하다
　　　④ 회복하다 ⑤ 돌이키다

19 非 : ① 옳다 ② 아니다 ③ 적다
　　　④ 기리다 ⑤ 지아비

20 事 : ① 낮 ② 일 ③ 힘쓰다
　　　④ 애쓰다 ⑤ 가리다

21 思 : ① 상상　② 이성　③ 감정
　　④ 생각　⑤ 두려움

22 選 : ① 그르다　② 가리다　③ 채우다
　　④ 만들다　⑤ 베풀다

23 想 : ① 신념　② 생각　③ 느낌
　　④ 감정　⑤ 현실

24 船 : ① 굴　② 물　③ 납
　　④ 줄　⑤ 배

25 賞 : ① 상주다　② 기울다　③ 정하다
　　④ 가리다　⑤ 자르다

26-30 다음의 뜻을 가진 한자(漢字)는 어느 것입니까?

26 옷　　 : ① 夫　② 報　③ 父　④ 服　⑤ 席

27 걸음 : ① 兵　② 本　③ 北　④ 步　⑤ 相

28 스승 : ① 福　② 仕　③ 産　④ 四　⑤ 師

29 섬기다 : ① 仕　② 算　③ 死　④ 非　⑤ 商

30 먼저 : ① 先　② 西　③ 書　④ 說　⑤ 設

31-40 다음 한자어(漢字語)의 음(音)은 무엇입니까?

31 保有 : ① 보전 ② 보건 ③ 유무 ④ 보충 ⑤ 보유

32 反復 : ① 반복 ② 부활 ③ 복종 ④ 반대 ⑤ 반역

33 夫婦 : ① 일부 ② 부인 ③ 부부 ④ 부친 ⑤ 부전

34 奉仕 : ① 급사 ② 봉사 ③ 출사 ④ 봉화 ⑤ 봉송

35 教師 : ① 약사 ② 교실 ③ 교사 ④ 의사 ⑤ 교원

36 計算 : ① 산정 ② 계산 ③ 암산 ④ 산수 ⑤ 계정

37 賞金 : ① 상장 ② 상품 ③ 입금 ④ 대상 ⑤ 상금

38 感想 : ① 가상 ② 감상 ③ 상념 ④ 감각 ⑤ 이상

39 相對 : ① 실상 ② 상반 ③ 상대 ④ 진상 ⑤ 상실

40 夕陽 : ① 석양 ② 추석 ③ 음양 ④ 석식 ⑤ 다양

201 6급 설	雪	눈 설 雨부 3획 총11획	□景 (설경) : 눈이 내리는 경치. 눈이 덮인 경치 (景 볕 경)
비(雨)가 하늘에서 얼어 내리는 하얀 눈을 빗자루(ㅋ)로 쓴다는 뜻을 합한 글자로 눈을 뜻함			暴□ (폭설) : 갑자기 많이 내리는 눈 (暴 사나울 폭)

一 「 厂 广 币 币 雨 雨 雪 雪 雪

雪	雪	雪						

202 8급 성	成	이룰 성 戈부 3획 총7획	□功 (성공) : 목적하는 바를 이룸 (功 공 공)
무성한(戊) 나무처럼 혈기 왕성한 장정(丁)이 힘써 일을 하여 목적한 바를 이룬다는 뜻			完□ (완성) : 완전히 다 이룸 (完 완전할 완)

丿 厂 厂 厅 厉 成 成 成

成	成	成						

203 7급 성	城	재 성 土부 7획 총10획	□門 (성문) : 성의 출입구에 만든 문 (門 문 문)
흙(土)을 높이 쌓아(成) 방벽을 지어 백성을 지킨다는 뜻			古□ (고성) : 옛 성 (古 예 고)

一 十 土 圠 圹 圹 圻 城 城 城

城	城	城						

204 7급 성	性	성품 성 忄=心부 5획 총8획	□格 (성격) : 개인이 가지고 있는 고유의 성질이나 품성 (格 격식 격)
사람의 마음씨(忄)는 태어날(生)때부터 타고난다고 믿었으므로, 타고난 성품, 마음씨라는 뜻이 됨			個□ (개성) : 개인의 타고난 특유의 성격 (個 낱 개)

丶 忄 忄 忄 忄 忄 性 性

性	性	性						

205 6급 성	姓	성 성 女부 5획 총8획	□名 (성명) : 성과 이름 (名 이름 명)
어떤 집 여자(女)로부터 태어난(生) 같은 혈족의 이름, 나중에 집안 이름 곧 성으로 되었음			百□ (백성) : 일반 국민 (百 일백 백)

𰀀 女 女 女 女 姓 姓 姓

姓	姓	姓						

206 **6급** 성	星	**별 성** 日부 5획 총9획

음을 나타내는 날 생(生)자 위에 날 일(日)을 3개 그려 별을 나타냈던 것에서 별의 뜻이 됨

衛☐ (위성) : 행성의 인력에 의하여 그 둘레를 도는 천체 (衛 지킬 위)

☐行 (행성) : 중심별의 강한 인력의 영향으로 타원 궤도를 그리며 중심별의 주위를 도는 천체 (行 다닐 행)

丨 冂 冂 日 旦 旦 旦 星 星

星	星	星						

207 **6급** 성	省	**살필 성/덜 생** 目부 4획 총9획

아주 적은(少) 것까지 자세히 보고(目) 살핀다, 물건이 적게(少) 보이도록(目) 줄인다는 뜻이 됨

反☐ (반성) : 자기 자신의 허물을 스스로 돌이켜 살핌 (反 돌이킬 반)

☐略 (생략) : 전체에서 일부를 줄이거나 뺌 (略 간략할 략)

丿 丿 小 少 少 省 省 省 省

省	省	省						

208 **6급** 성	誠	**정성 성** 言부 7획 총14획

말(言)한 것을 이루기(成)위하여 마음을 다해 힘쓰는 것을 나타내어 정성, 진실이라는 뜻이 됨

☐實 (성실) : 정성스럽고 진실함 (實 열매 실)

☐意 (성의) : 정성스러운 뜻 (意 뜻 의)

丶 亠 亖 亖 言 言 言 訁 訮 訮 訪 誠 誠 誠

誠	誠	誠						

209 **8급** 세	世	**인간 세** 一부 4획 총5획

세 개의 十을 이어 삼십 년을 뜻하며, 한 세대를 대략 30년으로 하여 세대를 뜻하기도 함

☐界 (세계) : 지구상의 모든 나라. 또는 인류 사회 전체 (界 지경 계)

出☐ (출세) : 사회적으로 높이 되거나 유명해짐 (出 날 출)

一 十 卄 世 世

世	世	世						

210 **6급** 세	歲	**해 세** 止부 9획 총13획

돌아다니면서(步) 매년 수확 때 제사를 지낸다(戌)는 뜻으로 순환하는 한 해를 의미하게 됨

☐月 (세월) : 흘러가는 시간 (月 달 월)

年☐ (연세) : 나이의 높임말 (年 해 년)

丨 ⺊ 止 上 产 产 声 卢 卢 歹 歳 歳 歳

歲	歲	歲						

211 **6급** 세	洗	**씻을 세** 氵=水부 6획 총9획	☐ 面 (세면) : 얼굴을 씻음 (面 낮 면) ☐ 車 (세차) : 자동차를 씻음 (車 수레 차)

물(氵=水)에 먼저(先) 손과 얼굴을 씻는다는 뜻임

` ヽ  ;  氵  汐  汐  汁  洗  洗  洗 `

洗	洗	洗						

212 **8급** 소	小	**작을 소** 小부 0획 총3획	大 ☐ (대소) : 크고 작음 (大 큰 대) 弱 ☐ (약소) : 약하고 작음 (弱 약할 약)

흩어져있는 작은 낟알의 모양으로 크기가 작다는 뜻임

` 」  小  小 `

小	小	小						

213 **8급** 소	少	**적을 소** 小부 1획 총4획	多 ☐ (다소) : 많음과 적음 (多 많을 다) ☐ 年 (소년) : 나이가 어린 사내아이 (年 해 년)

조그만(小) 물건의 일부가 나뉘어져 더욱 적어지는 모양을 본떠 만듦

` 」  小  小  少 `

少	少	少						

214 **7급** 소	所	**바 소** 戶부 4획 총8획	☐ 感 (소감) : 느낀 바, 또는 느낀 바의 생각 (感 느낄 감) 場 ☐ (장소) : 무엇이 있거나 무엇이 벌어지거나 하는 곳 (場 마당 장)

조금 열린 문(戶)의 틈새가 도끼(斤)로 찍은 자국처럼 보인다는 뜻으로
곳을 뜻함

` ヽ  冫  三  戶  戶  所  所  所 `

所	所	所						

215 **7급** 소	消	**사라질 소** 氵=水부 7획 총10획	☐ 火 (소화) : 불을 끔 (火 불 화) ☐ 滅 (소멸) : 사라져 없어지거나, 또는 흔적이 남지 않도 록 없앰 (滅 멸할 멸)

물(氵=水)이 줄어들어 쇠하여 사라졌다(肖)는 뜻의 글자임

` ヽ  冫  氵  氵  氵  汁  泸  消  消  消 `

消	消	消						

216 **7급** 소	素	**본디 소** 糸부 4획 총10획

깨끗이 빨아놓은(垂) 흰 명주실(糸)의 뜻이 물건의 시초, 근본, 바탕을 의미하게 됨

☐材 (소재) : 어떤 것을 만드는데 바탕이 되는 재료 (材 재목 재)

要☐ (요소) : 어떤 일에 꼭 필요한 성분 (要 요긴할 요)

一 二 キ 主 丰 丰 素 素 素 素

素　素　素

217 **7급** 속	俗	**풍속 속** 亻=人부 7획 총9획

사람(人)이 모인 골짜기(谷)에 풍속이 생기고 사람의 욕심이 생김을 뜻함

民☐ (민속) : 민간의 풍속 (民 백성 민)

☐語 (속어) : 통속적으로 쓰이는 저속한 말 (語 말씀 어)

ノ イ 亻 亻 俨 伀 伀 俗 俗

俗　俗　俗

218 **6급** 손	孫	**손자 손** 子부 7획 총10획

아들(子)에게서 이어지는 같은 혈통(系)을 가진 아들이나 딸, 즉 손자 또는 후손을 뜻함

☐子 (손자) : 아들의 아들 (子 아들 자)

後☐ (후손) : 여러 대가 지난 뒤의 자손 (後 뒤 후)

フ 了 子 孑 孑 孓 孫 孫 孫 孫

孫　孫　孫

219 **9급** 수	手	**손 수** 手부 0획 총4획

다섯 손가락이 다 펴있는 손과 손목의 모양을 본떠 만듦

☐話 (수화) : 몸짓이나 손짓으로 표현하는 의사 전달 방법 (話 말씀 화)

失☐ (실수) : 부주의로 잘못을 저지름, 또는 그 잘못 (失 잃을 실)

一 二 三 手

手　手　手

220 **9급** 수	水	**물 수** 水부 0획 총4획

강물이나 시냇물이 흐르고 있는 모양을 본떠 만듦

生☐ (생수) : 샘에서 솟아 나오는 맑은 물 (生 날 생)

防☐ (방수) : 물이 스며들거나 넘치는 것을 막음 (防 막을 방)

丨 刁 水 水

水　水　水

221 6급 수	受	받을 수 又부 6획 총8획

손(爫)에서 손(爫)으로 자주(又) 물건을 주고받는 모양을 본떠 만듦

☐ 賞 (수상) : 상을 받음 (賞 상줄 상)

☐ 信 (수신) : 우편, 전보, 전화 따위의 통신을 받음 (信 믿을 신)

` ´ ⺈ ⺈ ⺌ ⻍ ⻍ 受 受 `

受　受　受

---

222 6급 수	守	지킬 수 宀부 3획 총6획

관청(宀)에서 법도(寸)와 규칙에 따라 고을과 나라를 지킨다는 뜻임

☐ 備 (수비) : 지켜 막음 (備 갖출 비)

死 ☐ (사수) : 죽음을 무릅쓰고 지킴 (死 죽을 사)

` ´ ⺍ ⼧ 宁 守 守 `

守　守　守

---

223 6급 수	收	거둘 수 攵=攴부 2획 총6획

이삭에 매달린 곡식을 회초리로 쳐서(攵=攴) 알곡을 거두어들인다는 뜻임

☐ 金 (수금) : 받아야 할 돈을 거두어들임 (金 쇠 금)

回 ☐ (회수) : 도로 거두어들임 (回 돌아올 회)

` ⼁ ⼃ ⺘ ⺘ 收 收 `

收　收　收

---

224 6급 수	數	셈 수 攵=攴부 11획 총15획

물건을 넣은 자루를 머리로 이어 나르면서(婁) 그 자루를 톡톡 치면서 (攵) 세는 것을 뜻함

☐ 量 (수량) : 수와 분량 (量 헤아릴 량)

☐ 値 (수치) : 계산하여 얻은 수 (値 값 치)

` ⼂ ⼞ ⼬ ⺳ ⺆ 咢 吕 書 婁 婁 婁 數 數 數 數 `

數　數　數

---

225 6급 수	首	머리 수 首부 0획 총9획

사람의 머리 모양을 본떠 만듦으로 우두머리, 처음이란 뜻도 있음

☐ 都 (수도) : 한 나라의 중앙 정부가 있는 도시 (都 도읍 도)

☐ 席 (수석) : 맨 윗자리 또는 제 1위 (席 자리 석)

` ⼂ ⼃ ⺌ ⺌ ⼴ 首 首 首 首 `

首　首　首

226 **6급** 순	順	**순할 순** 頁부 3획 총12획

시냇물(川)이 낮은 곳으로 흐르듯 자기의 머리(頁)를 낮춤에서 온순하고 순함을 뜻함

☐ 應 (순응) : 순순히 따름. 환경에 맞추어 적응함 (應 응할 응)

☐ 風 (순풍) : 순하게 부는 바람 (風 바람 풍)

丿 刂 刂 刂 刂 刂 順 順 順 順 順 順

順	順	順							

227 **7급** 습	習	**익힐 습** 羽부 5획 총11획

새가 날개(羽)를 퍼드덕거려 제 스스로(自→白) 날기를 연습하여 익힘을 뜻함

實 ☐ (실습) : 배운 이론을 토대로 실지로 해 봄 (實 열매 실)

學 ☐ (학습) : 배워서 익힘 (學 배울 학)

丿 刁 刁 羽 羽 羽 羽 習 習 習 習

習	習	習							

228 **8급** 시	市	**시장 시** 巾부 2획 총5획

나들이 옷(巾)을 입고 사람들이 모인 곳에 가는데(之) 그렇게 가는 곳이 저자, 시장이라는 뜻임

☐ 內 (시내) : 도시의 안쪽 (內 안 내)

都 ☐ (도시) : 사람이 많이 모여 사는 번화한 곳 (都 도읍 도)

丶 亠 宀 市 市

市	市	市							

229 **8급** 시	示	**보일 시** 示부 0획 총5획

제물을 차려 놓은 제단의 모양을 본떠 만듦으로 제물을 신에게 보여 준다는 뜻임

明 ☐ (명시) : 똑똑히 드러내어 보임. 분명하게 가리킴 (明 밝을 명)

公 ☐ (공시) : 일정한 내용을 공개적으로 게시하여 일반에게 널리 알림. 또는 그렇게 알리는 글 (公 공평할 공)

丶 二 亍 示 示

示	示	示							

230 **7급** 시	始	**비로소 시** 女부 5획 총8획

여자(女)가 아이를 잉태하여 태아를 기르는(台)일이 시초라는 데서 비로소, 처음을 뜻함

☐ 作 (시작) : 하기를 시작함. 처음으로 함 (作 지을 작)

開 ☐ (개시) : 처음으로 시작함 (開 열 개)

乚 乡 女 妇 妒 妒 始 始

始	始	始							

231 7급 시	時	**때 시** 日부 6획 총10획	☐ 間 (시간) : 어떤 시각에서 다른 시각까지의 동안 또는 그 길이 (間 사이 간) ☐ 代 (시대) : 일정한 기준에 의하여 구분된 기간 (代 대신 대)

해(日)가 뜨고 지는 것은 일정한 규칙(寺)이 있다는 뜻이 때, 철을 의미하게 됨

丨 冂 日 日 日 旷 旷 旷 時 時 時

時	時	時					

232 7급 시	詩	**시 시** 言부 6획 총13획	☐ 人 (시인) : 시를 짓는 사람 (人 사람 인) ☐ 集 (시집) : 여러 편의 시를 모아 엮은 책 (集 모을 집)

말(言)이나 글을 글자 수나 운율 등에 맞게 규칙적(寺)으로 쓴 시를 뜻함

丶 二 言 言 言 言 言 計 計 詩 詩 詩

詩	詩	詩					

233 6급 시	是	**옳을 시** 日부 5획 총9획	☐ 正 (시정) : 잘못된 것을 바로 잡음 (正 바를 정) ☐ 認 (시인) : 옳다고 인정함 (認 알 인)

하늘의 해(日)처럼 정확하고 바르다(正)라는 뜻으로 옳다를 의미함

丨 冂 日 日 旦 旱 早 昻 是

是	是	是					

234 8급 식	食	**밥 식** 食부 0획 총9획	☐ 口 (식구) : 같은 집에서 끼니를 함께하며 사는 사람 (口 입 구) ☐ 事 (식사) : 음식을 먹는 일 (事 일 사)

사람(人)은 본능적으로 먹는 것을 좋아하며(良) 그렇게 즐겨먹는 것이 밥임을 뜻함

丿 人 人 今 今 今 食 食 食

食	食	食					

235 6급 식	式	**법 식** 弋부 3획 총6획	☐ 順 (식순) : 의식의 진행 순서 (順 순할 순) 方 ☐ (방식) : 일정한 방법이나 형식 (方 모 방)

장인(工)이 줄이 달린 화살(弋)을 만들 때에는 일정한 법칙과 법식이 필요함을 뜻함

一 二 三 弌 式 式

式	式	式					

236 6급 식	植	심을 식 木부 8획 총12획	☐ 木 日 (식목일) : 산을 푸르게 하기 위해 나라에서 나무 심기를 목적으로 제정한 날 (木 나무 목)(日 날 일) ☐ 物 (식물) : 나무나 풀 등과 같이 줄기, 뿌리, 잎 등으로 되어있는 것 (物 물건 물)

나무(木)를 곧게(直) 세워서 심음을 뜻함

一 十 才 木 朾 朾 枦 柿 柿 植 植 植

植	植	植								

237 9급 신	身	몸 신 身부 0획 총7획	☐ 體 (신체) : 사람의 몸 (體 몸 체) ☐ 世 (신세) : 사람의 처지나 형편. 남으로부터 도움을 받거나 남에게 괴로움을 끼치는 일 (世 인간 세)

임신하여 배가 불룩해진 여자의 모습을 본떠 만듦

′ ′ ′ 竹 竹 自 身 身

身	身	身								

238 8급 신	臣	신하 신 臣부 0획 총6획	忠 ☐ (충신) : 충성을 다하는 신하 (忠 충성 충) ☐ 下 (신하) : 임금을 섬기면서 벼슬을 하는 자리에 있는 사람 (下 아래 하)

크게 눈을 뜬 모양에서 신과 임금을 섬기는 사람이라는 뜻이 됨

一 T 丆 刃 臣 臣

臣	臣	臣								

239 7급 신	信	믿을 신 亻=人부 7획 총9획	☐ 用 (신용) : 믿고 씀. 의심하지 않음 (用 쓸 용) ☐ 念 (신념) : 변하지 않은 굳은 생각 (念 생각 념)

사람(亻=人)의 말(言)이란 뜻으로 하는 말에는 진실하고 믿음이 있어야 함을 의미함

′ ′ 亻 亻 亻 信 信 信 信

信	信	信								

240 7급 신	神	귀신 신 示부 5획 총10획	精 ☐ (정신) : 마음이나 생각 (精 정할 정) 失 ☐ (실신) : 정신을 잃음 (失 잃을 실)

번갯불(申)처럼 천체의 변화를 보여주는(示) 것은 귀신임을 뜻함

一 一 亍 亓 亓 示 和 和 和 神

神	神	神								

241 8급 실	失	잃을 실 大부 2획 총5획

손(手)에서 물건 등이 떨어져 나가다(乙), 그래서 잃게 된다는 뜻임

☐ 望 (실망) : 희망을 잃음 (望 바랄 망)

☐ 禮 (실례) : 언행이 예의에서 벗어남, 또는 그런 언행 (禮 예도 례)

丿 ㄴ � 牛 失

失 失 失 | | | | | | |

242 7급 실	室	집 실 宀부 6획 총9획

사람이 이르러(至) 사는 곳(宀)이라는 뜻으로 堂(당)이 바깥채인 반면 室(실)은 안쪽의 방을 말함

☐ 内 (실내) : 방 안 또는 집 안 (内 안 내)

別 ☐ (별실) : 특별히 따로 마련한 방 (別 다를 별)

丶 丶 宀 宀 宔 宗 宯 室 室

室 室 室 | | | | | |

243 7급 실	實	열매 실 宀부 11획 총14획

집(宀)에 돈(貫)이 가득하듯이 잘 익은 열매 또는 사실, 실제라는 뜻이 됨

☐ 行 (실행) : 실제로 행함 (行 다닐 행)

果 ☐ (과실) : 먹을 수 있는 나무의 열매 (果 실과 과)

丶 丶 宀 宀 宀 宔 宭 宭 宭 宵 宵 實 實 實

實 實 實 | | | | | |

244 9급 심	心	마음 심 心부 0획 총4획

사람의 심장 모양을 본떠 만듦

☐ 性 (심성) : 본디부터 타고난 마음씨 (性 성품 성)

☐ 理 (심리) : 마음의 작용과 의식의 상태 (理 다스릴 리)

丿 心 心 心

心 心 心 | | | | | |

245 8급 십	十	열 십 十부 0획 총2획

두 손을 교차하게 하여 합친 모양을 나타내어 열을 뜻함

☐ 年 (십년) : 10년 (年 해 년)

☐ 長生 (십장생) : 죽지 않고 산다는 10가지(해, 산, 물, 돌, 구름, 소나무, 불로초, 거북, 학, 사슴) (長 길 장) (生 날 생)

一 十

十 十 十 | | | | | |

246 9급 아	兒	아이 아 儿부 6획 총8획	☐ 童 (아동) : 어린 아이 (童 아이 동)
			産 ☐ (산아) : 아이를 낳음 (産 낳을 산)

젖먹이 아이의 머리뼈(臼)와 이를 강조하여 그린 사람의 모습으로 이가 다시 날 때쯤의 아이를 뜻함

丿 ⺈ ㄅ ㄅ 臼 臼 臼 兒

兒	兒	兒					

247 7급 안	安	편안 안 宀부 3획 총6획	☐ 心 (안심) : 근심, 걱정이 없이 마음이 편안함 (心 마음 심)
			☐ 全 (안전) : 편안하여 어긋남이나 위험이 없음 (全 온전할 전)

집(宀)에 여자(女)가 있어야 편안하다는 것을 뜻함

丶 丷 宀 宀 安 安

安	安	安					

248 7급 안	案	책상 안 木부 6획 총10획	☐ 內 (안내) : 인도하여 일러줌 (內 안 내)
			答 ☐ (답안) : 시험 문제의 해답이나 그 해답을 쓴 종이 (答 대답 답)

나무(木)로 만들어서 안정(安)되게 해놓은 것, 즉 책상을 뜻함

丶 丷 宀 宀 安 安 安 室 室 案

案	案	案					

249 7급 야	野	들 야 里부 4획 총11획	☐ 生 (야생) : 동식물이 산이나 들에서 절로 나고 자람, 또는 그런 동식물 (生 날 생)
			山 ☐ (산야) : 산과 들 (山 메 산)

마을(里)에서 멀리 떨어진(予) 곳 즉, 사람이 없는 도시 언저리의 들판을 뜻함

丨 ㅁ 曰 曰 旦 里 里 野 野 野 野

野	野	野					

250 7급 약	約	약속할 약 糸부 3획 총9획	☐ 束 (약속) : 언약하여 정하거나 그렇게 언약한 내용 (束 묶을 속)
			期 ☐ (기약) : 때를 정하여 약속함 (期 기약할 기)

다른 것과 구분되게(勺) 실(糸)로 단단히 '묶다'에서 '맺다'의 뜻이 됨

ㄥ ㄠ ㄠ 幺 糸 糸 糽 約 約

約	約	約					

연습문제 5

01-10 다음 한자(漢字)의 음(音)은 무엇입니까?

01 素 : ① 소 ② 속 ③ 성 ④ 손 ⑤ 설

02 洗 : ① 소 ② 석 ③ 성 ④ 세 ⑤ 수

03 俗 : ① 성 ② 설 ③ 순 ④ 소 ⑤ 속

04 順 : ① 순 ② 승 ③ 숙 ④ 습 ⑤ 슬

05 孫 : ① 습 ② 순 ③ 손 ④ 수 ⑤ 식

06 受 : ① 시 ② 수 ③ 습 ④ 승 ⑤ 아

07 食 : ① 십 ② 안 ③ 신 ④ 심 ⑤ 식

08 植 : ① 실 ② 아 ③ 악 ④ 식 ⑤ 야

09 神 : ① 신 ② 안 ③ 암 ④ 악 ⑤ 순

10 失 : ① 식 ② 실 ③ 야 ④ 애 ⑤ 손

11-15 다음의 음(音)을 가진 한자(漢字)는 어느 것입니까?

11 성 : ① 俗 ② 世 ③ 設 ④ 小 ⑤ 星

12 수 : ① 思 ② 首 ③ 孫 ④ 詩 ⑤ 始

13 수 : ① 時 ② 示 ③ 手 ④ 市 ⑤ 習

14 야 : ① 都 ② 身 ③ 野 ④ 安 ⑤ 約

15 아 : ① 臣 ② 實 ③ 信 ④ 失 ⑤ 兒

16-25 다음 한자(漢字)의 뜻은 무엇입니까?

16 成 : ① 법 ② 성 ③ 정성
④ 소리 ⑤ 이루다

17 守 : ① 지키다 ② 살피다 ③ 내리다
④ 사라지다 ⑤ 소멸하다

18 收 : ① 내리다 ② 버리다 ③ 가두다
④ 거두다 ⑤ 비로소

19 首 : ① 팔 ② 목 ③ 얼굴
④ 다리 ⑤ 머리

20 習 : ① 날다 ② 쓰다 ③ 익히다
④ 말하다 ⑤ 그리다

21 數 : ① 손　　② 셈　　③ 닦다
　　　④ 익히다　⑤ 헤아리다

22 實 : ① 뿌리　　② 줄기　　③ 열매
　　　④ 나무　　⑤ 기둥

23 安 : ① 기쁨　　② 불안　　③ 불행
　　　④ 행복　　⑤ 편안

24 植 : ① 곧다　　② 나무　　③ 식순
　　　④ 심다　　⑤ 가꾸다

25 身 : ① 몸　　　② 팔　　　③ 집
　　　④ 전체　　⑤ 아이

26-30 다음의 뜻을 가진 한자(漢字)는 어느 것입니까?

26 살피다 : ① 姓　② 誠　③ 性　④ 星　⑤ 省

27 적다　 : ① 少　② 消　③ 洗　④ 小　⑤ 城

28 시　　 : ① 數　② 是　③ 習　④ 詩　⑤ 案

29 집　　 : ① 室　② 十　③ 心　④ 食　⑤ 失

30 아이　 : ① 始　② 式　③ 時　④ 臣　⑤ 兒

31-40 다음 한자어(漢字語)의 음(音)은 무엇입니까?

31 說明 : ① 문명 ② 설득 ③ 설명 ④ 정설 ⑤ 판명

32 反省 : ① 가성 ② 성찰 ③ 자성 ④ 반대 ⑤ 반성

33 誠實 : ① 정성 ② 성실 ③ 충성 ④ 착실 ⑤ 성정

34 後孫 : ① 승부 ② 왕손 ③ 조손 ④ 자손 ⑤ 후손

35 順序 : ① 순응 ② 순번 ③ 순서 ④ 질서 ⑤ 순차

36 開始 : ① 개시 ② 시작 ③ 원시 ④ 시초 ⑤ 개최

37 植物 : ① 건물 ② 식수 ③ 식물 ④ 이식 ⑤ 식목

38 精神 : ① 신기 ② 정신 ③ 실신 ④ 신경 ⑤ 정진

39 實行 : ① 실행 ② 실력 ③ 과실 ④ 사실 ⑤ 실제

40 安保 : ① 안전 ② 안내 ③ 보수 ④ 답안 ⑤ 안보

251 7급 약	藥	**약 약** 艹=艸부 15획 총19획

□ 水 (약수) : 먹어서 약이 된다는 샘물 (水 물 수)

火 □ (화약) : 충격이나 열 따위를 가하면 폭발하는 물질 (火 불 화)

약초(艹=艸)로 만든 낱알의 약을 뜻하였으나 나중에는 모든 약을 뜻하게 됨

一 十 十 十 十 芦 芦 苜 苜 茆 茆 苑 葯 蕬 藥 藥 藥

藥	藥	藥						

252 9급 양	羊	**양 양** 羊부 0획 총6획

□ 毛 (양모) : 양 털 (毛 터럭 모)

山 □ (산양) : 산악 지대에 사는 소과의 동물 (山 메 산)

양의 머리를 본떠 만듦

丶 丷 子 彐 彐 羊

羊	羊	羊						

253 7급 양	兩	**두 양** 入부 6획 총8획

□ 家 (양가) : 양편의 집 (家 집 가)

□ 立 (양립) : 두 개의 것이 동시에 지장없이 존재함 (立 설 립)

저울추 두 개가 나란히 매달려 있는 모양을 본떠 만듦. 둘 또는 한 쌍을 뜻함

一 冂 厅 币 币 币 両 兩

兩	兩	兩						

254 7급 양	洋	**큰바다 양** 氵=水부 6획 총9획

海 □ (해양) : 크고 넓은 바다 (海 바다 해)

遠 □ (원양) : 뭍에서 멀리 떨어진 넓은 바다 (遠 멀 원)

강물(氵=水)이 모여 크게 되어지는(羊) 것이 바다임을 뜻함

丶 丶 氵 汀 汼 汼 浐 洋 洋

洋	洋	洋						

255 7급 양	養	**기를 양** 食부 6획 총15획

入 □ (입양) : 양자를 들이거나 양자로 들어감 (入 들 입)

□ 育 (양육) : 길러 자라게 함 (育 기를 육)

양(羊)에게 먹이(食)를 주어 기른다는 뜻임

丶 丷 子 肀 羊 羊 美 美 莠 莠 莠 蒡 養 養

養	養	養						

256 6급 양	陽	볕 양	ß=阜부 9획 총12획

언덕(ß=阜)위로 하늘의 해가 떠오르니(旦) 밝고 따뜻하다는 뜻임

□地 (양지) : 햇볕이 바로 드는 곳 (地 땅 지)

太□ (태양) : 하늘의 해를 다르게 부르는 이름 (太 클 태)

`' ³ ß ß' ß⁷ ß⁷ ßη ßη ßη ßη ßη 陽 陽 陽`

陽	陽	陽						

---

257 9급 어	魚	고기 어	魚부 0획 총11획

물고기의 모양을 형상화해서 만듦

人□ (인어) : 상반신은 사람의 몸이며 하반신은 물고기의 몸인 상상의 사람 (人 사람 인)

大□ (대어) : 큰 물고기 (大 큰 대)

`' ' ' 夕 夕 各 各 角 魚 魚 魚`

魚	魚	魚						

---

258 6급 어	語	말씀 어	言부 7획 총14획

내(吾)가 상대와 서로 말하여(言) 대화를 나눈다는 뜻

□法 (어법) : 말의 표현에 관한 규칙 (法 법 법)

國□ (국어) : 자기 나라의 말 (國 나라 국)

`' ' ' ' ' 言 言 言 訂 訁 語 語 語 語`

語	語	語						

---

259 8급 언	言	말씀 언	言부 0획 총7획

입(口)으로 마음에 있는 것을 말할 때는 삼가(辛)하여 말함을 뜻함

名□ (명언) : 사리에 들어맞는 훌륭한 말. 유명한 말 (名 이름 명)

發□ (발언) : 말을 꺼내어 의견을 나타냄, 또는 그 말 (發 필 발)

`' ' 亠 言 言 言 言`

言	言	言						

---

260 8급 업	業	일 업	木부 9획 총13획

종이나 북을 거는 도구의 모양을 본뜬 글자로서, 훗날 일이라는 뜻으로 됨

開□ (개업) : 영업을 처음 시작함 (開 열 개)

事□ (사업) : 일정한 목적과 계획을 가지고 하는 일 (事 일 사)

`' ' 业 业 业 业 芈 芈 業 業 業 業`

業	業	業						

261 7급 열	熱	더울 열 ⺝=火부 11획 총15획

불(⺝=火)의 기운이 세고 좋으니 덥다는 뜻임

☐ 望心 (열망) : 열심히 바람. 간절히 바람 (望 바랄 망)

☐ 熱心 (열심) : 한 가지 사물에 모든 마음을 기울임. 어떤 일에 골몰함 (心 마음 심)

一 十 土 丰 去 去 赤 赤 刲 刲 刲 刲 熱 熱 熱

熱 熱 熱

262 6급 영	永	길 영 水부 1획 총5획

흐르는 물줄기를 본떠 만든 글자로서 물줄기가 합쳐져서 멀리 흘러가는 것처럼 '길다'를 뜻함

☐ 永遠 (영원) : 언제까지고 계속하여 끝이 없음, 또는 끝없는 세월 (遠 멀 원)

☐ 永生 (영생) : 영원히 삶 (生 날 생)

丶 亅 刀 永 永

永 永 永

263 6급 영	英	꽃부리 영 ⾋=艸부 5획 총9획

가운데(央)부터 둘레로 예쁘게 퍼지는 풀(⾋=艸)이 꽃이며 이는 눈에 잘 띄고 두드러진다는 것을 뜻함

☐ 英才 (영재) : 뛰어난 재주 (才 재주 재)

☐ 英特 (영특) : 걸출하고 특별히 사리와 도리에 밝음 (特 특별할 특)

一 十 艹 艹 艹 芮 苎 英 英

英 英 英

264 8급 오	五	다섯 오 二부 2획 총4획

숫자를 세기 위해 늘어뜨려 놓은 선의 모양을 본떠 만듦

☐ 五色 (오색) : 다섯 가지의 빛깔(파랑, 빨강, 노랑, 하양, 검정), 또는 여러 가지 빛깔 (色 빛 색)

☐ 五福 (오복) : 다섯 가지의 복, 즉 수(壽), 부(富), 강녕(康寧), 유호덕(攸好德), 고종명(考終命)를 말함 (福 복 복)

一 丁 五 五

五 五 五

265 8급 오	午	낮 오 十부 2획 총4획

절굿공이를 바로 세운 모양을 본떠 만든 막대를 꽂아 한낮임을 알았다는 데서 낮을 뜻함

☐ 午前 (오전) : 밤 12시로부터 낮 12시까지의 사이 (前 앞 전)

正☐ (정오) : 낮 12시 (正 바를 정)

丿 ⺊ ⺊ 午

午 午 午

266 9급 옥	玉	구슬 옥 玉부 0획 총5획

세 개의 구슬을 끈으로 꿴 모양을 형상화해서 만듦

白☐ (백옥) : 빛깔이 하얀 옥 (白 흰 백)

☐體 (옥체) : 편지글 등에서 남을 높이어 그 몸을 이르는 말 (體 몸 체)

一 二 干 王 玉

玉	玉	玉						

---

267 6급 완	完	완전할 완 宀부 4획 총7획

집(宀)을 지을 때 으뜸(元)인 것은 튼튼하게 완전하게 해야 함을 뜻함

☐全 (완전) : 필요한 것이 모두 갖추어져 있음 (全 온전할 전)

☐成 (완성) : 모든 것을 다 이룸 (成 이룰 성)

丶 宀 宀 宀 完 完 完

完	完	完						

---

268 9급 왕	王	임금 왕 王=玉부 0획 총4획

하늘과(一) 땅과(一) 사람을(一) 모두 꿰뚫어(丨) 다스리는 지배자가 왕이라는 뜻임

☐國 (왕국) : 임금이 다스리는 나라 (國 나라 국)

☐道 (왕도) : 임금으로서 마땅히 지켜야 할 도리 (道 길 도)

一 二 干 王

王	王	王						

---

269 8급 외	外	바깥 외 夕부 2획 총5획

아침이 아닌 저녁(夕)에 점(卜)을 보는 것은 관례에 맞지 않는다는 뜻으로 밖이라는 뜻임

☐國 (외국) : 자기 나라 이외의 다른 나라 (國 나라 국)

☐出 (외출) : 바깥으로 나감 (出 날 출)

丿 夕 夕 夘 外

外	外	外						

---

270 7급 요	要	요긴할 요 襾부 3획 총9획

여자(女)가 허리에 양손을 걸치고 있는 모양을 본뜬 글자로, 허리가 중요한 부분이라는 데서 중요함을 뜻함

重☐ (중요) : 소중하고 요긴함 (重 무거울 중)

必☐ (필요) : 꼭 소용이 있음 (必 반드시 필)

一 一 一 市 市 西 西 要 要

要	要	要						

271 8급 容 용	容	얼굴 용	宀부 7획 총10획

큰 집(宀)과 골짜기(谷)에는 많은 사람들의 얼굴이 있음을 뜻함

美 ☐ (미용) : 얼굴이나 머리를 매만져 아름답게 함 (美 아름다울 미)

内 ☐ (내용) : 어떤 일의 속내를 이루는 것 (内 안 내)

丶 丶 宀 宀 宂 宛 宛 容 容

容	容	容							

272 8급 用 용	用	쓸 용	用부 0획 총5획

집을 둘러싸는 나무 울타리의 모양을 본떠 만듦

利 ☐ (이용) : 물건을 이롭게 쓰거나 쓸모 있게 씀 (利 이로울 리)

共 ☐ (공용) : 공동으로 씀 (共 함께 공)

丿 冂 月 月 用

用	用	用							

273 9급 牛 우	牛	소 우	牛부 0획 총4획

소의 머리 모양을 본떠 만듦

韓 ☐ (한우) : 한국 소 (韓 한국 한)

☐ 乳 (우유) : 소의 젖 (乳 젖 유)

丿 ﬁ 二 牛

牛	牛	牛							

274 9급 雨 우	雨	비 우	雨부 0획 총8획

하늘에서 떨어지는 빗물과 빗방울의 모양을 본떠 만듦

☐ 天 (우천) : 비가 오는 날씨 (天 하늘 천)

☐ 期 (우기) : 일 년 중에 비가 많이 오는 시기 (期 기약할 기)

一 ﬁ ﬁ 雨 雨 雨 雨 雨

雨	雨	雨							

275 7급 友 우	友	벗 우	又부 2획 총4획

친한 친구끼리 손(又←手)과 손(手)을 맞잡고 친하게 지낸다하여 벗 또는 친구를 뜻함

☐ 情 (우정) : 친구 사이의 정 (情 뜻 정)

☐ 軍 (우군) : 자기와 같은 편인 군대 (軍 군사 군)

一 ナ 方 友

友	友	友							

276 6급 우	右	**오른쪽 우** 口부 2획 총5획	□ 手 (우수) : 오른쪽 손 (手 손 수) 左 □ 間 (좌우간) : 이렇든지 저렇든지 (左 왼 좌) (間 사이 간)

밥을 먹을(口) 때 사용하고 말(又)도 잘 듣는 손(又←手)이라는 뜻으로
오른쪽을 뜻함

ノ ナ 大 右 右

右	右	右						

277 7급 운	雲	**구름 운** 雨부 4획 총12획	白 □ (백운) : 흰 구름 (白 흰 백) □ 集 (운집) : 구름처럼 많이 모임 (集 모을 집)

비(雨)가 올 때 하늘을 어둡게 덮어주는(云) 것이 구름이라는 뜻임

一 厂 戸 币 币 雨 雩 雩 雪 雲 雲 雲

雲	雲	雲						

278 6급 운	運	**옮길 운** 辶=辵부 9획 총13획	□ 行 (운행) : 차량 등이 정해진 길을 따라 움직여서 나아감 (行 다닐 행) □ 動 (운동) : 건강을 위해 몸을 움직이는 일 (動 움직일 동)

군사(軍)들이 전차를 운전하고 가는(辶)것을 뜻하여 운반하다는 뜻이 됨

一 ワ ワ ワ ワ 厚 弖 亘 宣 軍 軍 渾 運 運

運	運	運						

279 8급 원	元	**으뜸 원** 儿부 2획 총4획	□ 祖 (원조) : 어떤 일을 처음 시작한 사람 (祖 할아비 조) □ 年 (원년) : 어떤 일이 처음으로 시작되는 해 (年 해 년)

어진 사람(儿)보다 더 위(二=上)에 것이 바로 세상에서 으뜸이라는 뜻임

一 ニ テ 元

元	元	元						

280 8급 원	原	**언덕 원** 厂부 8획 총10획	□ 因 (원인) : 무슨 일이 일어난 까닭 (因 인할 인) 草 □ (초원) : 풀로 뒤덮인 들판 (草 풀 초)

굴 바위(厂)틈과 땅에서 나오는 샘물(泉)이 큰 강물의 근본이며, 그 강
물이 흘러가는 곳이 들판임을 뜻함

一 厂 厂 厂 斥 厉 盾 原 原 原

原	原	原						

281 6급 원	園	동산 **원** ☐부 10획 총13획

크게 에워싸고(☐) 그 안에서 여유롭게(袁)있을 수 있는 곳임을 뜻함

丨 冂 冂 冂 冃 冃 冐 冐 冐 閸 園 園

園	園	園						

公☐ (공원) : 여러 사람의 휴식을 위하여 만들어 놓은 지역
(公 공평할 공)

果樹☐ (과수원) : 과일 나무를 재배하는 농원
(果 실과 과) (樹 나무 수)

---

282 9급 월	月	달 **월** 月부 0획 총4획

차고 이지러짐이 있는 달의 모양을 형상화해서 만듦

丿 刀 月 月

月	月	月						

正☐ (정월) : 일 년 중의 첫째 달 (正 바를 정)

☐給 (월급) : 일한 삯으로 다달이 받는 돈 (給 줄 급)

---

283 8급 위	位	자리 **위** 亻=人부 5획 총7획

훌륭한 사람이(亻=人) 줄지어 서 있는(立) 것을 뜻함

丿 亻 亻 亻 伫 位 位

位	位	位						

地☐ (지위) : 개인의 사회적인 신분에 따르는 어떠한 자리나 계급 (地 땅 지)

方☐ (방위) : 동서남북을 기준으로 하여 정한 방향 (方 모 방)

---

284 8급 유	有	있을 **유** 月부 2획 총6획

손에(又←手) 고기(月←肉)를 가지고 있는 것을 뜻함

丿 ナ ナ 冇 有 有

有	有	有						

所☐ (소유) : 자기 것으로 가지고 있음 (所 바 소)

☐能 (유능) : 능력이 있음 (能 능할 능)

---

285 8급 유	由	말미암을 **유** 田부 0획 총5획

바닥이 깊고 끝이 오므라진 술 단지의 모양을 본떠 만듦으로서 '말미암다'를 뜻함

丨 冂 日 由 由

由	由	由						

理☐ (이유) : 까닭 (理 다스릴 리)

☐來 (유래) : 어떤 일이 거쳐온 내력 (來 올 래)

| 286 6급 유 | 油 | 기름 유 ⺡=水부 5획 총8획 | 原 ☐ | (원유) : 땅 속에서 뽑아낸 정제하지 않은 그대로의 기름 (原 언덕 원) |
| | | | 注 ☐ | (주유) : 자동차나 물건 등에 기름을 넣음 (注 부을 주) |

액체(⺡=水)가 끝이 오므라진 단지(由)에서 천천히 흘러나오는 것을 뜻함

` ` ⺡ ⺡ 汁 汩 油 油

| 油 | 油 | 油 | | | | | | |

| 287 8급 육 | 六 | 여섯 육 八부 2획 총4획 | ☐ 角 形 | (육각형) : 여섯 개의 직선으로 된 평면 도형 (角 뿔 각) (形 형상 형) |
| | | | ☐ 寸 | (육촌) : 사촌의 아들이나 딸 사이의 촌수 (寸 마디 촌) |

두 손 모두 손가락 세 개를 밑으로 편 모양을 나타내어 여섯을 뜻함

` 一 亠 六 六

| 六 | 六 | 六 | | | | | | |

| 288 8급 육 | 肉 | 고기 육 肉부 0획 총6획 | ☐ 食 | (육식) : 고기를 먹음 (食 밥 식) |
| | | | ☐ 體 | (육체) : 사람의 몸 (體 몸 체) |

동물 등의 고기를 썰어놓은 모양을 본떠 만듦

丨 冂 冂 内 肉 肉

| 肉 | 肉 | 肉 | | | | | | |

| 289 7급 육 | 育 | 기를 육 月=肉부 4획 총8획 | ☐ 成 | (육성) : 길러서 자라게 함 (成 이룰 성) |
| | | | 敎 ☐ | (교육) : 가르치고 기르는 것을 일컬음 (敎 가르칠 교) |

갓난아이의 몸(月)을 잘 보살피고 기른다는 뜻임

` 亠 云 云 产 育 育 育

| 育 | 育 | 育 | | | | | | |

| 290 7급 은 | 銀 | 은 은 金부 6획 총14획 | 金 ☐ | (금은) : 금과 은 (金 쇠 금) |
| | | | ☐ 貨 | (은화) : 은으로 만든 돈 (貨 재물 화) |

금속(金) 중에서 뚜렷하게 눈에 띄는(艮) 것을 말함

丿 𠂉 𠂉 乍 牟 牟 金 金 釘 鈤 鈤 鉅 銀 銀

| 銀 | 銀 | 銀 | | | | | | |

291 6급 은	恩	**은혜 은** 心부 6획 총10획

진실한 마음(心)으로 도와주어 의지할(因) 수 있도록 해준다는 뜻에서 은혜를 뜻함

□ 師 (은사) : 은혜를 베풀어 준 스승 (師 스승 사)

報 □ (보은) : 베풀어준 은혜를 되돌려 갚다 (報 갚을 보)

丨 冂 冃 冈 冈 因 因 恩 恩 恩

恩　恩　恩

292 8급 음	音	**소리 음** 音부 0획 총9획

말(言)을 하는 입 구(口)의 글자에 곡조를 뜻하는 ─(일)을 더한 모양으로 귀에 들리는 소리를 뜻함

□ 聲 (음성) : 말소리 또는 목소리 (聲 소리 성)

□ 樂 (음악) : 소리의 가락으로 나타내는 예술 (樂 즐길 락, 음악 악)

丶 亠 艹 立 立 产 音 音 音

音　音　音

293 8급 읍	邑	**고을 읍** 邑부 0획 총7획

큰 벽돌로 둘러싸인(口) 곳에서 무릎 꿇고(巴) 있는 백성이 많은 곳이 고을이라는 뜻임

都 □ (도읍) : 한 나라의 수도 (都 도읍 도)

□ 内 (읍내) : 읍의 구역 안 (内 안 내)

丨 冂 口 吕 吕 吕 邑

邑　邑　邑

294 6급 응	應	**응할 응** 心부 13획 총17획

사람(亻=人)이 매를 꼭 잡고 있는 모양(應)으로 뭔가를 하려는 마음을 나타냄

□ 答 (응답) : 물음에 응하여 답함 (答 대답 답)

□ 試 (응시) : 시험에 응함 (試 시험 시)

丶 亠 广 广 广 庁 庁 庐 庐 庐 庵 雁 雁 雁 雁 應 應

應　應　應

295 9급 의	衣	**옷 의** 衣부 0획 총6획

상반신의 옷을 입고 깃을 여민 모양을 본떠 만듦

内 □ (내의) : 안에 입는 옷으로 속옷이나 내복 (内 안 내)

雨 □ (우의) : 비옷 (雨 비 우)

丶 亠 亠 充 衣 衣

衣　衣　衣

296 7급 의	意	뜻 의 心부 9획 총13획	☐ 見 (의견) : 어떤 일에 대한 생각 (見 볼 견) ☐ 志 (의지) : 목적이 뚜렷한 생각이나 뜻 (志 뜻 지)

소리 내어 말하는(音) 것이 그 사람 마음(心) 속의 뜻임을 의미함

` ′ 亠 ヸ 产 产 音 音 音 音 意 意 意 `

意	意	意					

297 7급 의	醫	의원 의 酉부 11획 총18획	☐ 師 (의사) : 의술과 약으로 병을 고치는 직업에 종사하는 사람 (師 스승 사) 名 ☐ (명의) : 환자를 잘 치료하는 이름난 의사 (名 이름 명)

화살 통에 화살을 감추듯 술 단지(酉)로 병이나 상처를 고친다는 뜻

` ′ 匚 医 殹 殹 殹 殹 殹 医殳 医殳 医殳 医殳 殹 殹 醫 醫 醫 醫 `

醫	醫	醫					

298 6급 의	義	옳을 의 羊부 7획 총13획	☐ 理 (의리) : 사람으로서 마땅히 지켜야 할 바른 도리 (理 다스릴 리) 意 ☐ (의의) : 뜻 또는 중요성이나 가치 (意 뜻 의)

제사의 제물로 사람(我) 대신 양(羊)으로 하는 것이 옳음을 뜻함

` ′ ′′ 亠 亠 ゛ 主 羊 羊 弟 義 義 義 `

義	義	義					

299 6급 의	議	의논할 의 言부 13획 총20획	會 ☐ (회의) : 여럿이 모여 의논함 (會 모일 회) ☐ 長 (의장) : 회의를 진행시켜 나가는 사람 (長 길 장)

여러 사람의 의견이나 말(言) 중에서 가장 올바른(義) 것을 찾아내는 것이 의논임을 뜻함

` ′ 亠 亖 言 言 言 言 言 訁 訁 詳 詳 詳 詳 詳 議 議 議 `

議	議	議					

300 8급 이	二	두 이 二부 0획 총2획	☐ 月 (이월) : 한 해의 둘째 달 (月 달 월) 一 口 ☐ 言 (일구이언) : 한 입으로 두 말을 함. 이랬다저랬다 함 (一 한 일) (口 입 구) (言 말씀 언)

수를 세기 위해 두 개의 손가락을 펴거나 두 개의 나무 가지를 놓은 모양을 본떠 만듦

` 一 二 `

二	二	二					

 연습문제

01-10 다음 한자(漢字)의 음(音)은 무엇입니까?

01 陽 : ① 억 ② 연 ③ 양 ④ 액 ⑤ 언

02 養 : ① 예 ② 영 ③ 엽 ④ 양 ⑤ 어

03 完 : ① 오 ② 외 ③ 옥 ④ 완 ⑤ 양

04 運 : ① 운 ② 우 ③ 웅 ④ 외 ⑤ 원

05 原 : ① 우 ② 업 ③ 운 ④ 용 ⑤ 원

06 用 : ① 용 ② 왕 ③ 오 ④ 운 ⑤ 언

07 元 : ① 유 ② 월 ③ 위 ④ 원 ⑤ 양

08 邑 : ① 음 ② 은 ③ 위 ④ 읍 ⑤ 원

09 育 : ① 언 ② 월 ③ 유 ④ 위 ⑤ 육

10 應 : ① 읍 ② 음 ③ 이 ④ 응 ⑤ 양

11-15 다음의 음(音)을 가진 한자(漢字)는 어느 것입니까?

11 오 : ① 約 ② 養 ③ 午 ④ 魚 ⑤ 洋

12 언 : ① 永 ② 語 ③ 言 ④ 熱 ⑤ 英

13 운 : ① 玉 ② 雲 ③ 右 ④ 外 ⑤ 意

14 위 : ① 由 ② 肉 ③ 音 ④ 議 ⑤ 位

15 은 : ① 有 ② 恩 ③ 衣 ④ 由 ⑤ 友

16-25 다음 한자(漢字)의 뜻은 무엇입니까?

16 永 : ① 약속   ② 길다   ③ 얼음
　　　 ④ 춥다   ⑤ 말씀

17 藥 : ① 줄   ② 잎   ③ 실
　　　 ④ 약   ⑤ 독

18 外 : ① 안   ② 내외   ③ 실내
　　　 ④ 재주   ⑤ 바깥

19 要 : ① 무겁다   ② 요긴하다   ③ 두르다
　　　 ④ 요청하다   ⑤ 의논하다

20 友 : ① 비   ② 벗   ③ 옷
　　　 ④ 손   ⑤ 왼쪽

21 右 : ① 입 ② 비 ③ 앞쪽
   ④ 왼쪽 ⑤ 오른쪽

22 育 : ① 심다 ② 고기 ③ 옮기다
   ④ 익히다 ⑤ 기르다

23 恩 : ① 볕 ② 지사 ③ 생각
   ④ 은혜 ⑤ 동산

24 醫 : ① 정원 ② 병원 ③ 의원
   ④ 치료 ⑤ 간호사

25 議 : ① 뜻 ② 옳다 ③ 의원
   ④ 의논하다 ⑤ 말미암다

26-30 다음의 뜻을 가진 한자(漢字)는 어느 것입니까?

26 꽃부리 : ① 英 ② 洋 ③ 魚 ④ 永 ⑤ 六

27 말미암다 : ① 元 ② 完 ③ 原 ④ 銀 ⑤ 由

28 동산 : ① 業 ② 王 ③ 雨 ④ 園 ⑤ 牛

29 옷 : ① 二 ② 意 ③ 月 ④ 衣 ⑤ 五

30 기름 : ① 義 ② 容 ③ 油 ④ 邑 ⑤ 應

31-40 다음 한자어(漢字語)의 음(音)은 무엇입니까?

31 海洋 : ① 해양 ② 원양 ③ 대양 ④ 해면 ⑤ 서양

32 國語 : ① 어학 ② 어법 ③ 국어 ④ 영어 ⑤ 불어

33 玉石 : ① 옥체 ② 옥석 ③ 옥성 ④ 목석 ⑤ 주석

34 完工 : ① 완쾌 ② 완성 ③ 완전 ④ 완공 ⑤ 원공

35 重要 : ① 필요 ② 긴요 ③ 주요 ④ 요구 ⑤ 중요

36 元祖 : ① 원연 ② 원소 ③ 원서 ④ 원조 ⑤ 선조

37 所有 : ① 소지 ② 소유 ③ 유리 ④ 보유 ⑤ 소속

38 音樂 : ① 열락 ② 음성 ③ 환락 ④ 화음 ⑤ 음악

39 意義 : ① 의무 ② 의도 ③ 의의 ④ 의식 ⑤ 의제

40 育成 : ① 대성 ② 육영 ③ 육림 ④ 육성 ⑤ 무성

301 7급 이	耳	**귀 이** 耳부 0획 총6획
귀의 모양을 본떠 만듦		

□目 (이목) : 귀와 눈. 남들의 주의 (目 눈 목)

馬□東風 (마이동풍) : 남의 충고를 귀담아 듣지 않고 흘려버림
(馬 말 마) (東 동녘 동) (風 바람 풍)

一 T T F 王 耳

耳	耳	耳			

302 6급 이	移	**옮길 이** 禾부 6획 총11획
수확을 잘 하려면 모판에 있는 볍씨(禾)를 많이(多) 논으로 옮겨야한다는 데서 '옮기다'를 뜻함		

□動 (이동) : 옮기어 다님 (動 움직일 동)

□民 (이민) : 자기 나라를 떠나서 다른 나라로 이주하는 일
(民 백성 민)

ノ ニ 千 禾 禾 禾 移 移 移 移 移

移	移	移			

303 6급 익	益	**더할 익** 皿부 5획 총10획
그릇(皿)에 있는 물(水)이 넘치는 것은 물을 계속 더 넣었다는 데서 더함을 뜻함		

有□ (유익) : 도움이 될 만함 (有 있을 유)

公□ (공익) : 공공의 이익 (公 공평할 공)

ノ ハ 公 分 今 余 谷 谷 益 益

益	益	益			

304 9급 인	人	**사람 인** 人부 0획 총2획
허리를 굽히고 서 있는 사람을 옆에서 본 모양을 본떠 만듦		

□間 (인간) : 사람 (間 사이 간)

軍□ (군인) : 군대의 병사나 장군 (軍 군사 군)

ノ 人

人	人	人			

305 8급 인	因	**인할 인** 口부 3획 총6획
담으로 에워싸인(口) 영토를 사람이 팔 벌려서(大) 넓히려고 하는 데에는 이유가 있음에서 원인을 뜻함		

□果 (인과) : 원인과 결과 (果 실과 과)

□緣 (인연) : 어떤 사물이나 사건들 사이에 맺어지는 관계
(緣 인연 연)

丨 冂 冂 丐 因 因

因	因	因			

306 6급 인	引	**끌 인** 弓부 1획 총4획

활(弓)을 잘 쏘려면 활시위(丨)를 잘 당겨야 한다는 데서 끌어당김을 뜻함

☐ 力 (인력) : 떨어져 있는 두 물체가 서로 끌어당기는 힘 (力 힘 력)

牽 ☐ (견인) : 끌어당김 (牽 끌 견)

ˉ ˊ 弓 引

引	引	引							

307 9급 일	日	**날 일** 日부 0획 총4획

하늘에 떠 있는 해를 본떠 만듦

☐ 記 (일기) : 그날그날 겪은 일이나 감상 등을 적은 개인의 기록 (記 기록할 기)

☐ 出 (일출) : 해가 떠오름 (出 날 출)

丨 冂 冃 日

日	日	日							

308 8급 일	一	**한 일** 一부 0획 총1획

수를 세기 위해 한 개의 손가락을 펴거나 한 개의 나무 가지를 놓은 모양을 본떠 만듦

☐ 生 (일생) : 살아있는 동안. 평생 (生 날 생)

☐ 石二鳥 (일석이조) : 돌을 한 개 던져 새를 두 마리 잡음. 동시에 두 가지 이득을 봄 (石 돌 석) (二 두 이) (鳥 새 조)

一

一	一	一							

309 8급 입	入	**들 입** 入부 0획 총2획

집이나 굴 등에 들어가는 것을 뜻함

☐ 城 (입성) : 성 안으로 들어감 (城 재 성)

流 ☐ (유입) : 흘러 들어옴 (流 흐를 류)

丿 入

入	入	入							

310 9급 자	子	**아들 자** 子부 0획 총3획

아이가 두 팔을 벌리고 있는 모양을 본떠 만든 글자로 아들을 뜻함

孝 ☐ (효자) : 효성스러운 아들 (孝 효도 효)

母 ☐ (모자) : 어머니와 아들 (母 어미 모)

ˉ 了 子

子	子	子							

311 9급 자	自	스스로 **자** 自부 0획 총6획	立 (자립) : 남에게 의지하지 않고 자기의 힘으로 해나감 (立 설 립) 習 (자습) : 혼자서 스스로 익힘 (習 익힐 습)
사람의 코를 본떠 만든 글자로, 스스로라는 뜻과 함께 혼자서라는 뜻도 의미함			

´ ㄏ ㄐ 自 自 自

自	自	自							

312 8급 자	者	놈 **자** 耂=老부 5획 총9획	信☐ (신자) : 종교를 믿는 사람 (信 믿을 신) 筆☐ (필자) : 글 또는 글씨를 쓴 사람 (筆 붓 필)
나이 많은 어른(老)이 아랫사람에게 낮추어 말하는(白) 대상을 가리켜 사람이나 놈을 뜻함			

一 十 土 耂 耂 耂 者 者 者

者	者	者							

313 7급 자	字	글자 **자** 子부 3획 총6획	文☐ (문자) : 글자 (文 글월 문) 千☐文 (천자문) : 중국의 주흥사가 지은 책으로 한문 학습의 입문서 (千 일천 천) (文 글월 문)
집안(宀)에 아들(子)이 늘어나듯 계속해서 늘어나는 것이 글자임을 뜻함			

丶 丶 宀 宀 宇 字

字	字	字							

314 7급 작	作	지을 **작** 亻=人부 5획 총7획	☐業 (작업) : 일터에서 연장이나 기계 등을 가지고 일을 함 (業 일 업) 始☐ (시작) : 처음으로 함 (始 비로소 시)
사람(亻=人)이 잠깐(乍)도 쉬지 않고 일을 한다는 데서 물건을 만듦이 나 농사 등을 지음을 뜻함			

丿 亻 亻 作 作 作 作

作	作	作							

315 9급 장	長	길 **장** 長부 0획 총8획	校☐ (교장) : 학교의 사무를 관장하고 대외적으로 학교를 대표하는 사람 (校 학교 교) 家☐ (가장) : 집안의 제일 큰 어른 (家 집 가)
머리카락이 긴 노인이 지팡이를 짚고 서 있는 모양을 본떠 만듦			

丨 ㄤ ㄫ ㄫ 토 長 長 長

長	長	長							

316 6급 장	場	마당 **장** 土부 9획 총12획

땅(土)에 햇빛(昜)이 잘 비치는 집안의 넓은 땅이 마당임을 뜻함

□ 所 (장소) : 어떤 일이 이루어지거나 일어나는 곳 (所 바 소)

登 □ (등장) : 무대나 연단 위에 나타남 (登 오를 등)

一 十 土 圹 圹 坦 坦 坦 場 場 場 場

場	場	場							

317 7급 재	材	재목 **재** 木부 3획 총7획

집을 지을 때는 나무(木)의 바탕(才)이 중요한데 그것이 바로 재목임을 뜻함

教 □ (교재) : 수업에 쓰이는 재료 (教 가르칠 교)

□ 料 (재료) : 물건을 만드는데 드는 원료 (料 헤아릴 료)

一 十 才 才 材 材 材

材	材	材							

318 7급 재	財	재물 **재** 貝부 3획 총10획

돈(貝)이나 물건을 흘리지 않고 잘 모아놓은(才) 것이 재물임을 뜻함

□ 産 (재산) : 개인이나 단체가 소유하고 있는 재물 (産 낳을 산)

□ 數 (재수) : 재물이 생기거나 좋은 일이 있을 운수 (數 셈 수)

丨 冂 冂 月 目 目 貝 貝 財 財

財	財	財							

319 6급 재	再	두 **재** 冂부 4획 총6획

쌓아 놓은 나무토막들 위에 나무토막을 하나씩 (一) 더 쌓는다는 데서 다시 또는 거듭을 뜻함

□ 建 (재건) : 무너진 것을 다시 세움 (建 세울 건)

□ 生 (재생) : 버리게 된 물건을 다시 살려서 쓰게 만듦 (生 날 생)

一 厂 厂 戸 再 再

再	再	再							

320 6급 재	在	있을 **재** 土부 3획 총6획

흙(土)에 돋아나는 풀의 싹(才의 변형)의 모양을 본떠 만듦으로 있음 또는 존재함을 뜻함

現 □ (현재) : 지금 이때 (現 나타날 현)

所 □ (소재) : 있는 장소 (所 바 소)

一 ナ オ 才 存 在

在	在	在							

321 6급 재	才	**재주 재** 扌=手부 0획 총3획

나무와 풀의 새싹이 돋아나는 모양을 본떠 만든 글자로, 사람의 능력도 클 수 있다는 데서 재주를 뜻함

一 十 才

才	才	才						

□ 能 (재능) : 재주와 능력 (能 능할 능)

□ 致 (재치) : 눈치 빠르고 재빠르게 응하는 재주 (致 이를 치)

322 7급 쟁	爭	**다툴 쟁** 爪부 4획 총8획

손톱(爪)을 드러내면서 손(又)으로 서로 때리며 싸우는 것이 다툼임을 뜻함

ノ ク ヶ ゕ 夕 亭 亭 爭

爭	爭	爭						

競 □ (경쟁) : 서로 앞서거나 이기려고 싸움 (競 다툴 경)

論 □ (논쟁) : 말이나 글로 서로의 의견을 주장하며 다툼
(論 논할 론)

323 6급 적	的	**과녁 적** 白부 3획 총8획

흰색(白)의 종이에 표주박(勺)을 매달아 맞추는 것이 과녁임을 뜻함

ノ ⺅ ⺅ 白 白 的 的

的	的	的						

□ 中 (적중) : 목표에 정확히 들어맞음 (中 가운데 중)

目 □ (목적) : 이루려고 마음먹은 일 (目 눈 목)

324 9급 전	田	**밭 전** 田부 0획 총5획

농작물을 기르도록 이랑이 있는 밭의 모양을 본떠 만듦

丨 冂 冃 田 田

田	田	田						

油 □ (유전) : 석유가 나는 곳 (油 기름 유)

火 □ (화전) : 불을 지른 다음 농사를 짓는 밭 (火 불 화)

325 8급 전	全	**온전할 전** 入부 4획 총6획

손에 들어온(入) 구슬(王←玉) 중 가장 예쁘고 좋은 구슬이라는 데서 온전함 또는 완전함을 뜻함

ノ 入 入 仝 全 全

全	全	全						

□ 國 (전국) : 한 나라의 전체 (國 나라 국)

□ 部 (전부) : 모두 다 (部 떼 부)

| 326 7급 전 | 典 | 법 전 八부 6획 총8획 | 古□ (고전) : 옛날 책으로 후세 사람들의 모범이 될 만한 가치를 지닌 작품 (古 예 고) |
| | | | 法□ (법전) : 어떤 종류의 법규를 체계적으로 정리하여 엮은 책 (法 법 법) |

제사상에 여러 가지 것을 기록한 책들을 바쳐 놓은 모양을 본떠 만듦

丨 冂 冂 冉 曲 曲 曲 典 典

| 典 | 典 | 典 | | | | | | | |

| 327 7급 전 | 前 | 앞 전 刂=刀부 7획 총9획 | □進 (전진) : 앞으로 나아감 (進 나아갈 진) |
| | | | □生 (전생) : 이 세상에 태어나기 전의 세상 (生 날 생) |

배(月←舟)를 타고 앞으로 가며 칼(刂=刀)로 끝부분을 잘라 가지런하게 한다는 데서 앞을 뜻함

丶 丷 屵 屵 方 前 前 前 前

| 前 | 前 | 前 | | | | | | | |

| 328 7급 전 | 展 | 펼 전 尸부 7획 총10획 | □示 (전시) : 여러 가지 것을 벌여놓고 보임 (示 보일 시) |
| | | | □開 (전개) : 점차 크게 펼쳐짐 (開 열 개) |

화려한 옷(衣+工)을 입고 몸을 쭉 펴고(尸) 자랑한다는 뜻에서 펴다를 뜻함

丆 コ 尸 尸 尸 屈 屏 屏 展 展

| 展 | 展 | 展 | | | | | | | |

| 329 7급 전 | 戰 | 싸움 전 戈부 12획 총16획 | □爭 (전쟁) : 국가와 국가 사이의 무력에 의한 싸움 (爭 다툴 쟁) |
| | | | 勝□ (승전) : 전쟁에서 승리함, 또는 승리한 전쟁 (勝 이길 승) |

식구들을 위해 밭에서 홀로 열심히 일을 하며(單) 적이 나타나면 창(戈)으로 싸우는 것을 뜻함

丶 丷 吖 吅 吅 吅 咒 罒 單 單 單 戰 戰 戰

| 戰 | 戰 | 戰 | | | | | | | |

| 330 7급 전 | 電 | 번개 전 雨부 5획 총13획 | □氣 (전기) : 물체의 마찰에서 생기는 현상으로 빛이나 열이 있고 고체를 당기는 힘이 있음 (氣 기운 기) |
| | | | 感□ (감전) : 전기가 몸에 통하여 충격을 받음 (感 느낄 감) |

비(雨)가 올 때 치는 번갯불(申)이 구부러진 것을 뜻함

一 冖 冂 币 币 币 雨 雨 雪 雪 雪 雷 電

| 電 | 電 | 電 | | | | | | | |

331 6급 전	傳	전할 **전** 亻=人부 11획 총13획

소문이나 소식이 사람(亻=人)들에게 차례로 돌아가는(專) 것에서 전함을 뜻함

☐ 達 (전달) : 전하여 이르게 함 (達 통달할 달)
☐ 說 (전설) : 옛날부터 전해져 내려오는 이야기 (說 말씀 설)

ノ イ イ 亻 亻 佪 佪 伸 傅 傅 傳 傳 傳

傳 傳 傳

332 6급 절	節	마디 **절** 竹부 9획 총15획

대나무(竹)의 마디라는 뜻과 음식이 담긴 그릇 앞에 무릎 꿇는(卩) 것에서 사물의 한 매듭을 뜻함

☐ 氣 (절기) : 1년을 스물넷으로 가른 철의 표준점 (氣 기운 기)
☐ 度 (절도) : 말이나 행동 따위의 적당한 정도 (度 법도 도)

ノ ャ 竺 竺 竺 笁 笁 笁 節 笧 笧 笧 笧 節 節

節 節 節

333 6급 절	絶	끊을 **절** 糸부 6획 총12획

실(糸)을 칼(刀)로 자를 때에는 무릎마디(巴)의 길이로 잘라야 함을 뜻함

☐ 交 (절교) : 교제를 끊음 (交 사귈 교)
☐ 景 (절경) : 더할 수 없이 훌륭한 경치 (景 볕 경)

ㄥ ㄠ ㄠ 幺 幺 糸 糸 糽 絅 絡 絡 絶

絶 絶 絶

334 6급 접	接	접할 **접** 扌=手부 8획 총11획

손님과 손(扌=手)의 일을 주인대신 하녀(妾)가 맡는다는 데서 잇다와 맞이함을 뜻함

☐ 受 (접수) : 돈이나 물건 따위를 받음 (受 받을 수)
☐ 待 (접대) : 손님을 맞아서 시중을 듦 (待 기다릴 대)

一 ㄱ ㄱ 扌 扩 扩 护 护 接 接 接

接 接 接

335 7급 정	定	정할 **정** 宀부 5획 총8획

집(宀)에서는 물건의 자리를 바르게(正) 정해야한다는 데서 정한다는 뜻

安 ☐ (안정) : 흔들림 없이 안전하게 자리를 잡음 (安 편안 안)
☐ 石 (정석) : 어떤 일을 처리할 때 정해진 방식 (石 돌 석)

丶 丶 宀 宀 宁 宇 定 定

定 定 定

336	庭	뜰 정	
7급 정		广부 7획 총10획	

지붕(广)이 있는 마당에서 신하들이 임금의 말을 듣는다(廷)하여 집안의 뜰을 뜻함

`一 亠 广 广 户 庄 庄 庭 庭 庭`

庭　庭　庭

☐ 園 (정원) : 집안의 나무나 꽃 등을 가꾸어 놓은 마당 (園 동산 원)

校 ☐ (교정) : 학교의 정원이나 운동장 (校 학교 교)

337	情	뜻 정	
7급 정		↑=心부 8획 총11획	

마음(↑=心) 속에 큰 이상을 품은 젊은이(靑)의 마음이 곧 뜻이며 사랑임을 뜻함

`丶 丶 ↑ ↑ ↑ ↑ 忄 忄 忭 情 情 情`

情　情　情

感 ☐ (감정) : 사물에 느끼어 일어나는 심정 (感 느낄 감)

愛 ☐ (애정) : 사랑하는 마음 (愛 사랑 애)

338	政	정사 정	
7급 정		攵=攴부 5획 총9획	

모든 백성이 바르게(正) 살 수 있도록 일을 해야(攵=攴)하는 것이 정치임을 뜻함

`一 T F F 正 正 政 政 政`

政　政　政

☐ 治 (정치) : 나라를 다스리는 일 (治 다스릴 치)

善 ☐ (선정) : 훌륭하고 좋은 정치 (善 착할 선)

339	正	바를 정	
7급 정		止부 1획 총5획	

올바른 길을 가려면 한가지(一)라도 반드시 멈추어서(止) 헤아린다는 뜻에서 올바름을 뜻함

`一 T F 正 正`

正　正　正

☐ 直 (정직) : 마음에 거짓이나 꾸밈이 없이 바르고 곧음 (直 곧을 직)

☐ 答 (정답) : 옳은 답 (答 대답 답)

340	精	정할 정	
6급 정		米부 8획 총14획	

곡식인 쌀(米)을 푸르게(靑) 씻으니 더욱 깨끗하게 됨을 나타냄
* 정하다 : 정성을 들여서 거칠지 아니하고 매우 곱다.

`丶 丷 丷 half 米 米 籿 籿 粏 精 精 精 精 精`

精　精　精

☐ 誠 (정성) : 온갖 성의를 다하려는 참되고 거짓이 없는 마음 (誠 정성 성)

☐ 氣 (정기) : 만물에 갖추어져 있는 순수한 기운 (氣 기운 기)

341 8급 제	弟	아우 제 弓부 4획 총7획

활(弓)을 들고 푯말을 가지고 노는 아우를 본떠 만듦

☐子 (제자) : 스승의 가르침을 받거나 받은 사람 (子 아들 자)

兄☐ (형제) : 형과 아우 (兄 형 형)

` ` '' '' '' '' 弟 弟

| 弟 | 弟 | 弟 | | | | | | | | |

342 7급 제	帝	임금 제 巾부 6획 총9획

하늘에 제사지낼 때 물건이나 음식을 올려놓는 제사상의 모양을 본떠 만듦

☐國 (제국) : 황제가 다스리는 나라 (國 나라 국)

玉皇上☐ (옥황상제) : 도가에서 하느님을 일컫는 말 (玉 구슬 옥) (皇 임금 황) (上 윗 상)

` 亠 产 产 产 产 帝 帝 帝

| 帝 | 帝 | 帝 | | | | | | | | |

343 6급 제	題	제목 제 頁부 9획 총18획

얼굴이나 머리(頁)처럼 제일 앞에 있는 것은 누구나 올바르게(是) 알 수 있어야한다는 데서 제목을 뜻함

☐目 (제목) : 겉장에 쓴 책의 이름, 또는 글의 제목 (目 눈 목)

宿☐ (숙제) : 복습과 예습을 목적으로 학생에게 내어주는 과제 (宿 잘 숙)

丨 冂 日 日 旦 早 昙 昙 是 是 是 題 題 題 題 題 題

| 題 | 題 | 題 | | | | | | | | |

344 7급 조	朝	아침 조 月부 8획 총12획

달(月)이 지고 해가 뜨는 새벽(早)이 지나서 새날이 밝아옴을 뜻함

☐食 (조식) : 아침 밥 (食 밥 식)

☐會 (조회) : 학교나 관청에서 아침에 구성원이 한자리에 모이는 일, 또는 그런 모임 (會 모일 회)

一 十 占 古 古 吉 直 卓 卓 朝 朝 朝

| 朝 | 朝 | 朝 | | | | | | | | |

345 7급 조	祖	할아비 조 示부 5획 총10획

제사상(示)에 음식을 많이 올리는(且) 것은 할아버지 또는 조상을 위한 것임을 뜻함

☐國 (조국) : 자기가 태어난 나라 (國 나라 국)

始☐ (시조) : 한 겨레나 씨족의 맨 처음의 조상 (始 비로소 시)

一 ニ テ 〒 示 礼 和 和 祖 祖

| 祖 | 祖 | 祖 | | | | | | | | |

346 **7급** 조	鳥	**새 조** 鳥부 0획 총11획

꼬리가 긴 새를 옆에서 본 모양을 본떠 만듦

吉 ☐ (길조) : 사람에게 어떤 길한 일이 생김을 미리 알려 준다는 새 (吉 길할 길)

不死 ☐ (불사조) : 영원히 죽지 않는다는 전설의 새 (不 아닐 불) (死 죽을 사)

丿 亻 亻 亇 亇 亻 自 鳥 鳥 鳥 鳥 鳥

鳥 鳥 鳥

347 **6급** 조	調	**고를 조** 言부 8획 총15획

말(言)을 잘하여 두루 두루(周) 평안과 균형이 있도록 함을 뜻함

☐ 查 (조사) : 어떤 것을 정확히 알기 위하여 자세히 살펴 보거나 찾아봄 (査 조사할 사)

☐ 和 (조화) : 서로 잘 어울림 (和 화할 화)

丶 一 二 三 言 言 言 言 訂 訒 訊 調 調 調 調

調 調 調

348 **9급** 족	足	**발 족** 足부 0획 총7획

무릎에서 발끝까지의 모양을 본떠 만듦

手 ☐ (수족) : 손과 발 (手 손 수)

長 ☐ (장족) : 사물의 발전이나 진행이 매우 빠름 (長 길 장)

丨 冂 冂 口 甲 甲 足 足

足 足 足

349 **7급** 족	族	**겨레 족** 方부 7획 총11획

전쟁이 나면 하나의 깃발 아래 같은 핏줄의 무리가 활(矢)을 들고 싸운다는 데서 겨레나 민족을 뜻함

家 ☐ (가족) : 어버이와 자식, 부부 등의 관계로 맺어져 한 집 안에서 생활하는 사람들 (家 집 가)

民 ☐ (민족) : 같은 지역에서 살고 말과 습관 따위가 같은 사람의 무리 (民 백성 민)

丶 一 亍 方 方 方 扩 扩 扩 族 族

族 族 族

350 **7급** 종	種	**씨 종** 禾부 9획 총14획

곡식(禾)의 어린 아이(重←童)는 씨앗임을 뜻함

品 ☐ (품종) : 물품의 종류 (品 물건 품)

☐ 族 (종족) : 같은 조상으로부터 나온 가족, 씨족 등으로 이루어진 사회 집단 (族 겨레 족)

丿 二 千 千 禾 禾 矛 种 秆 秆 稆 稆 種 種

種 種 種

 연습문제

01-10 다음 한자(漢字)의 음(音)은 무엇입니까?

01 益 : ①이　②익　③일　④자　⑤진

02 引 : ①잔　②장　③작　④인　⑤임

03 入 : ①일　②익　③입　④장　⑤전

04 再 : ①인　②작　③일　④자　⑤재

05 作 : ①작　②잔　③이　④익　⑤입

06 材 : ①자　②인　③재　④일　⑤이

07 接 : ①정　②절　③전　④접　⑤자

08 絶 : ①쟁　②정　③작　④전　⑤절

09 傳 : ①전　②적　③저　④쟁　⑤접

10 正 : ①전　②적　③정　④접　⑤장

11-15 다음의 음(音)을 가진 한자(漢字)는 어느 것입니까?

11 이 : ①人　②移　③在　④才　⑤足

12 자 : ①日　②一　③才　④情　⑤自

13 인 : ①場　②因　③日　④題　⑤弟

14 적 : ①爭　②田　③典　④的　⑤者

15 정 : ①精　②田　③全　④爭　⑤前

16-25 다음 한자(漢字)의 뜻은 무엇입니까?

16 日 : ①눈　　②날　　③하나
　　　④아침　⑤저녁

17 字 : ①아들　②글자　③쓰다
　　　④배우다　⑤익히다

18 自 : ①주다　②희다　③말하다
　　　④스스로　⑤비로소

19 場 : ①집　　②흙　　③마당
　　　④그늘　⑤바꾸다

20 才 : ①쌀　　②풀　　③재주
　　　④치다　⑤재물

21 爭 : ① 낮다 　　② 파다 　　③ 세우다
　　　　④ 다투다 　　⑤ 이기다

22 戰 : ① 창 　　　② 방패 　　③ 경쟁
　　　　④ 싸움 　　　⑤ 마디

23 政 : ① 뜻 　　　② 뜰 　　　③ 정원
　　　　④ 정사 　　　⑤ 바르다

24 定 : ① 잇다 　　② 두다 　　③ 놓다
　　　　④ 치다 　　　⑤ 정하다

25 情 : ① 뜻 　　　② 푸르다 　③ 머물다
　　　　④ 고요하다 　⑤ 깨끗하다

26-30 다음의 뜻을 가진 한자(漢字)는 어느 것입니까?

26 길다 : ① 因 　② 一 　③ 長 　④ 再 　⑤ 祖

27 재물 : ① 材 　② 子 　③ 再 　④ 鳥 　⑤ 財

28 놈 　: ① 者 　② 人 　③ 入 　④ 調 　⑤ 帝

29 앞 　: ① 電 　② 傳 　③ 朝 　④ 前 　⑤ 庭

30 마디 : ① 展 　② 精 　③ 節 　④ 正 　⑤ 移

31-40 다음 한자어(漢字語)의 음(音)은 무엇입니까?

31 公益 : ① 공익 ② 공공 ③ 유익 ④ 무익 ⑤ 공정

32 因果 : ① 인습 ② 인과 ③ 결과 ④ 원인 ⑤ 인증

33 引用 : ① 인력 ② 사용 ③ 인용 ④ 인상 ⑤ 사비

34 筆者 : ① 기자 ② 독자 ③ 신자 ④ 필자 ⑤ 제자

35 登場 : ① 등정 ② 장면 ③ 등산 ④ 공장 ⑤ 등장

36 競爭 : ① 논쟁 ② 경쟁 ③ 언쟁 ④ 경주 ⑤ 투쟁

37 電力 : ① 강력 ② 감전 ③ 전력 ④ 전화 ⑤ 감력

38 發展 : ① 전망 ② 전시 ③ 발전 ④ 전개 ⑤ 발간

39 絕景 : ① 풍경 ② 절교 ③ 절대 ④ 광경 ⑤ 절경

40 家庭 : ① 교정 ② 친정 ③ 가정 ④ 가구 ⑤ 친가

351 6급 종	宗	으뜸 종 宀부 5획 총8획

집(宀)에서 같은 조상을 기리는 제사상(示)과 제사를 지내는 가장 큰 어른, 사당을 모두 뜻함

☐ 家 (종가) : 한 집안의 가장 큰 집 (家 집 가)

☐ 敎 (종교) : 신을 믿어 마음의 평안과 행복을 얻고자 하는 정신 문화의 한 체계 (敎 가르칠 교)

丶 丶 宀 宀 宀 宇 宗 宗

宗	宗	宗					

352 6급 좌	左	왼 좌 工부 2획 총5획

일을 도울 때는 도구(工)를 가지고 왼쪽에서 도와줌을 뜻함

☐ 右 (좌우) : 왼쪽과 오른쪽 (右 오른쪽 우)

☐ 側 (좌측) : 왼쪽 (側 곁 측)

一 ナ 左 左 左

左	左	左					

353 9급 주	主	주인 주 丶부 4획 총5획

등불(丶)과 촛대(王)의 모양을 나타내어 어둠 속에서 등불과 같은 사람이 바로 주인임을 뜻함

☐ 人 (주인) : 한 집안을 꾸려 가는데 중심이 되는 사람, 또는 물건의 임자 (人 사람 인)

☐ 要 (주요) : 주되고 중요함 (要 요긴할 요)

丶 一 二 十 主

主	主	主					

354 7급 주	住	살 주 亻=人부 5획 총7획

사람(人)이 등불(主)처럼 일정한 곳에 머무르는 것, 즉 '살다'의 뜻

☐ 所 (주소) : 살고 있는 곳 (所 바 소)

☐ 民 (주민) : 일정한 곳에 자리를 잡고 사는 국민 (民 백성 민)

丿 亻 亻 亻 仁 住 住

住	住	住					

355 7급 주	注	부을 주 氵=水부 5획 총8획

물 또는 기름(氵=水)이 등불(主)의 중심으로 모이듯 중심이나 집중됨 또는 쉽게 설명함을 뜻함

☐ 目 (주목) : 어떤 일에 특별히 관심을 가지고 봄 (目 눈 목)

☐ 力 (주력) : 힘을 있는 대로 다들임 (力 힘 력)

丶 丶 氵 氵 汀 泸 注 注

注	注	注					

356	竹	대 죽
7급 죽		竹부 0획 총6획

대나무 잎의 모양을 본떠 만듦

`丿 𠂉 𠂉 𠂉 𠂉 竹`

竹 竹 竹

☐ 刀 (죽도) : 대나무로 만든 칼 (刀 칼 도)

☐ 馬 故 友 (죽마고우) : 어릴 때부터 같이 놀며 자란 오랜 벗
(馬 말 마) (故 연고 고) (友 벗 우)

357	中	가운데 중
8급 중		ㅣ부 3획 총4획

어떤 사물(口)의 가운데를 정확히 꿰뚫음(ㅣ)을 나타냄

`ㅣ 口 口 中`

中 中 中

☐ 間 (중간) : 두 사물의 사이 (間 사이 간)

☐ 心 (중심) : 한 가운데, 또는 가장 중요하며 기본이 되는 부분 (心 마음 심)

358	重	무거울 중
6급 중		里부 2획 총9획

사람(人), 특히 아이(童)가 무거운 짐을 짊어지고 있음을 나타냄

`丿 一 𠂉 台 台 台 盲 重 重`

重 重 重

☐ 大 (중대) : 가볍게 여길 수 없을 만큼 아주 중요함
(大 큰 대)

體 ☐ (체중) : 몸무게 (體 몸 체)

359	地	땅(따) 지
7급 지		土부 3획 총6획

흙(土)이 큰 뱀의 모습(也)처럼 구불구불 울퉁불퉁 깔려있는 곳이 땅임을 뜻함

`一 十 土 ㅏ 地 地`

地 地 地

☐ 方 (지방) : 나라 안의 어떤 넓은 지역, 또는 서울 밖의 시골
(方 모 방)

☐ 位 (지위) : 개인의 사회적인 신분에 따르는 어떠한 자리나 계급 (位 자리 위)

360	指	가리킬 지
7급 지		扌=手부 6획 총9획

손(扌=手)으로 맛있는 음식(旨)을 먹음에서 손가락이란 뜻과 손가락으로 무엇을 가리킴이란 뜻도 있음

`一 十 扌 扌 扩 扩 指 指 指`

指 指 指

☐ 定 (지정) : 가리켜 정함, 또는 가려내어 정함
(定 정할 정)

☐ 名 (지명) : 여러 사람 중에 누구의 이름을 가리킴
(名 이름 명)

361 7급 지	止	그칠 지 止부 0획 총4획

禁☐ (금지) : 말리어 못하게 함 (禁 금할 금)

中☐ (중지) : 일을 중도에서 그만두거나 멈춤 (中 가운데 중)

사람이 걸음을 멈추고 있는 발자국의 모양을 본떠 만듦

丨 ㅏ � 止

止 止 止

---

362 7급 지	紙	종이 지 糸부 4획 총10획

表☐ (표지) : 책의 겉장 (表 겉 표)

休☐ (휴지) : 못쓰게 된 종이, 또는 화장지 (休 쉴 휴)

섬유질(糸)이 얽혀(氏) 만들어지는 것이 종이라는 뜻

ㄥ ㄥ ㄠ ㄠ 糸 糸' 紅 紙 紙 紙

紙 紙 紙

---

363 6급 지	志	뜻 지 心부 3획 총7획

同☐ (동지) : 뜻이 서로 같음, 또는 그런 사람 (同 한가지 동)

☐願 (지원) : 뜻이 있어 지망함 (願 원할 원)

이상을 품은 선비(士)의 마음(心)은 뜻이 있다는 뜻임

一 十 士 志 志 志 志

志 志 志

---

364 6급 지	知	알 지 矢부 3획 총8획

☐識 (지식) : 알고 있는 내용 (識 알 식)

認☐ (인지) : 어떠한 사실을 분명히 인정함 (認 알 인)

아는 것이 많아지야 화살(矢)처럼 입(口)으로 말을 잘할 수 있다는 데서 '알다' 라는 뜻

丿 二 두 牟 矢 知 知 知

知 知 知

---

365 6급 지	至	이를 지 至부 0획 총6획

☐今 (지금) : 예로부터 지금에 이르기까지 (今 이제 금)
 * 只今(지금): 이제, 이 시간 (只 다만 지)

☐誠 (지성) : 지극한 정성 (誠 정성 성)

새가 땅을 향하여 내려오다가 땅에 이르는 모양을 본떠 만듦

一 � 至 至 至 至

至 至 至

366 7급 직	直	곧을 직 目부 3획 총8획

많은(十) 사람의 눈(目)은 숨겨진(ㄴ) 것도 찾으니 그것이 바로 곧고 바른 것임을 뜻함

正□ (정직) : 마음이 바르고 곧음 (正 바를 정)

□線 (직선) : 곧은 줄, 즉 두 점 사이를 가장 짧은 거리로 이은 선 (線 줄 선)

一 十 十 方 古 古 肯 肯 直

直　直　直

367 8급 진	眞	참 진 目부 5획 총10획

죽어도(ヒ) 숨김(ㄴ)이 없음을 여러 방향(八)에서 보이도록(目) 하는 것이 참된 것임을 뜻함

□理 (진리) : 참된 도리, 또는 바른 이치 (理 다스릴 리)

□實 (진실) : 거짓이 없고 바르고 참됨 (實 열매 실)

亠 匕 匕 년 肖 肖 首 直 眞 眞

眞　眞　眞

368 6급 진	進	나아갈 진 辶=辵부 8획 총12획

꽁지가 짧은 새(隹)가 앞으로 나아가는(辶) 것이라는 데서 나아감을 뜻함

□步 (진보) : 사물의 내용이나 정도가 차츰 나아짐 (步 걸음 보)

□行 (진행) : 일을 처리하여 나아감 (行 다닐 행)

ノ イ 亻 亻 亻 亻 住 住 隹 隹 進 進 進

進　進　進

369 7급 질	質	바탕 질 貝부 8획 총15획

도끼로 나무를 패어(斤 + 斤) 돈(貝)과 바꾸는 것을 뜻함

□問 (질문) : 모르거나 의심나는 점을 물음 (問 물을 문)

素□ (소질) : 본래부터 갖추고 있는 바탕 (素 본디 소)

丷 厂 斤 斤 斤 斦 斦 斦 斦 斦 晳 質 質 質 質

質　質　質

370 7급 집	集	모을 집 隹부 4획 총12획

꽁지 짧은 새(隹)가 나무(木) 위에 많이 모여 있는 모습을 나타냄

□中 (집중) : 한 군데로 모이거나 모음 (中 가운데 중)

詩□ (시집) : 시를 모아 엮은 책 (詩 시 시)

ノ イ 亻 亻 亻 亻 住 住 隹 集 集 集

集　集　集

371 8급 次 차	次	버금 차	欠부 2획 총6획

피곤하여 두 번이나(冫 =二) 하품(欠)을 하여 뒤로 미룬다는 뜻과 그렇게 미뤄지면 두 번째가 됨을 뜻함

順☐ (순차) : 돌아오는 차례 (順 순할 순)

節☐ (절차) : 일을 치르는 데 밟아야 하는 차례와 방법 (節 마디 절)

丶 冫 冫 次 次 次

372 6급 察 찰	察	살필 찰	宀부 11획 총14획

집(宀)에서 제사(祭)를 지내려면 집안을 잘 살펴야 함을 뜻함

觀☐ (관찰) : 사물을 주의하여 살핌 (觀 볼 관)

視☐ (시찰) : 돌아다니며 실지 사정을 살펴봄 (視 볼 시)

丶 宀 宀 宀 宀 宀 宀 宀 宀 宀 宀 察 察 察

373 6급 參 참	參	참여할 참	厶부 9획 총11획

별과 사람(厶+厶+厶)은 하늘과 세상에 각각 들어있다는 데서 참여하다는 뜻을 나타냄

☐席 (참석) : 어떤 자리나 모임에 참여함 (席 자리 석)

☐見 (참견) : 남의 일에 끼어들어 아는 체하거나 간섭함 (見 볼 견)

丶 厶 厶 厶 厽 厽 叐 叐 矣 矣 參 參

374 6급 冊 책	冊	책 책	冂부3획 총5획

종이가 없던 옛날에 종이 대신 대나무를 가지런히 엮은 모양을 본떠 만듦

空☐ (공책) : 글씨를 쓰거나 그림을 그리도록 백지로 매어 놓은 책 (空 빌 공)

☐床 (책상) : 책을 읽거나 글을 쓸 때 혹은 사무를 볼 때에 앞에 놓고 쓰는 상 (床 상 상)

丨 冂 冂 冊 冊

375 9급 天 천	天	하늘 천	大부 1획 총4획

사람이 서 있는데(大) 그 위로 한없이 넓게 펼쳐져 있는(一) 것이 하늘이라는 뜻

☐才 (천재) : 타고난 뛰어난 재주, 또는 그런 재주를 가진 사람 (才 재주 재)

☐下 (천하) : 하늘 아래 (下 아래 하)

一 二 干 天

376 9급 천	川	내 천	
		川=巛부 0획 총3획	

川 山☐ (산천) : 산과 내. 자연 (山 메 산)

山☐草木 (산천초목) : 산과 내와 풀과 나무. 자연
(山 메 산) (草 풀 초) (木 나무 목)

시냇물이 흘러가는 모양을 본떠 만듦

丿 刂 川

川 川 川

377 8급 천	千	일천 천	
		十부 1획 총3획	

☐金 (천금) : 엽전 천 냥. 많은 돈 (金 쇠 금)

☐年 (천년) : 백 년의 열 곱절로 오랜 세월을 이르는 말
(年 해 년)

많은(十) 것이 더 많도록 사람(人)이 꾸몄다는 데서 일천을 뜻함

丿 二 千

千 千 千

378 7급 청	靑	푸를 청	
		靑부 0획 총8획	

☐年 (청년) : 젊은 사람 (年 해 년)

☐山 (청산) : 푸른 산 (山 메 산)

붉은(丹)색 틈에서 피어나는 새싹(生)은 더욱 푸르다는 뜻

一 二 丰 生 丰 靑 靑 靑

靑 靑 靑

379 6급 청	淸	맑을 청	
		氵=水부 8획 총11획	

☐算 (청산) : 셈이나 빚 따위를 깨끗이 정리함 (算 셈할 산)

☐明 (청명) : 날씨가 맑고 깨끗함 (明 밝을 명)

시냇물(氵=水부)의 빛깔이 푸르기만 하니(靑) 물이 맑고 깨끗함을 뜻함

丶 丶 氵 氵 氵 汁 浐 浐 淸 淸 淸

淸 淸 淸

380 6급 체	體	몸 체	
		骨부 13획 총23획	

人☐ (인체) : 사람의 몸 (人 사람 인)

物☐ (물체) : 구체적인 형태를 가지고 존재하는 것
(物 물건 물)

뼈(骨)와 살 그리고 모두 갖추어진 오장육부(豊)가 몸이 됨을 뜻함

丨 冂 冂 甲 丹 丹 丹 骨 骨 骨 骨 體 體 體 體 體 體 體 體 體

體 體 體

381 8급 초	初	**처음 초** 刀부 5획 총7획

옷(衤→衣)을 만들 때에 칼(刀)로 옷감을 자르는 것이 옷을 만드는 일의 처음이라는 데서 처음을 뜻함

始 ☐ (시초) : 맨 처음 (始 비로소 시)

☐ 代 (초대) : 어떤 계통의 첫 번째 사람, 또는 그 사람의 시대 (代 대신 대)

`、ラオネネ初初`

初	初	初							

---

382 7급 초	草	**풀 초** 艹=艸부 6획 총10획

해(日)가 떠오르는(十) 숲의 저쪽에서 풀의 싹(艹=艸)이 돋아남을 뜻함

☐ 家 (초가) : 볏짚·밀짚·갈대 등으로 지붕을 이은 집 (家 집 가)

☐ 野 (초야) : 풀이 우거진 들판. 시골 (野 들 야)

`一十一艹艹芍芍苔莒草`

草	草	草							

---

383 7급 촌	村	**마을 촌** 木부 3획 총7획

큰 나무(木)를 중심으로 가까운 거리(寸)에서 서로 모여 사는 곳이 마을임을 뜻함

農 ☐ (농촌) : 농사를 짓고 사는 사람들이 모여 사는 마을 (農 농사 농)

漁 ☐ (어촌) : 바닷가에서 어업을 주로 하는 사람들이 모여 사는 마을 (漁 고기잡을 어)

`一十才才村村村`

村	村	村							

---

384 6급 촌	寸	**마디 촌** 寸부 0획 총3획

손가락 하나의 길이 또는 손목에서 맥박이 뛰는 곳까지의 거리, 즉 마디나 짧은 거리를 뜻함

四 ☐ (사촌) : 아버지의 친형제의 아들이나 딸 (四 넉 사)

外三 ☐ (외삼촌) : 어머니의 남 형제 (外 바깥 외) (三 석 삼)

`一寸寸`

寸	寸	寸							

---

385 7급 추	秋	**가을 추** 禾부 4획 총9획

곡식(禾)을 수확한 후 햇볕의 불(火)로 말리는 계절이 가을임을 뜻함

☐ 夕 (추석) : 음력 팔월 보름. 한가위 (夕 저녁 석)

☐ 收 (추수) : 가을에 익은 곡식을 거두어들임 (收 거둘 수)

`一二千千禾禾禾秋秋`

秋	秋	秋							

386 6급 축	祝	빌 축 示부 5획 총10획

제사상(示)에서 축문을 읽으며(口) 사람(儿)이 자기의 소원을 비는 것을 나타냄

自 □ (자축) : 스스로 축하함 (自 스스로 자)

奉 □ (봉축) : 삼가 축하함 (奉 받들 봉)

` 一 亍 亓 示 示 示 祀 祀 祝 `

祝	祝	祝							

387 7급 출	出	날 출 凵부 3획 총5획

식물의 새싹이 움푹한 곳(凵)에서 땅위로 돋아나오는 모양을 본떠 만듦

□ 生 (출생) : 세상에 태어남 (生 날 생)

□ 發 (출발) : 길을 떠남 (發 필 발)

` 丨 屮 屮 出 出 `

出	出	出							

388 7급 충	充	채울 충 儿부 4획 총6획

사람(人←儿)이 자라고 성장하니(育) 모든 것이 충만함을 뜻함

□ 分 (충분) : 모자람이 없이 차거나 넉넉함 (分 나눌 분)

□ 足 (충족) : 넉넉하게 채움 (足 발 족)

` 丶 一 亡 云 产 充 `

充	充	充							

389 6급 충	忠	충성 충 心부 4획 총8획

진실한 마음(心) 속 한 가운데(中) 있는 뜻이 바로 참된 뜻이고 충성이라는 뜻

□ 告 (충고) : 참된 마음으로 남의 잘못을 타이름 (告 고할 고)

□ 孝 (충효) : 충성과 효도 (孝 효도 효)

` 丨 口 口 中 忠 忠 忠 忠 `

忠	忠	忠							

390 6급 충	蟲	벌레 충 虫부 12획 총18획

웅크린 뱀(虫)처럼 몸이 긴 벌레가 뭉쳐(虫+虫+虫)있는 모양을 나타냄

□ 齒 (충치) : 벌레가 파먹어 이가 망가지는 병 (齒 이 치)

殺 □ 劑 (살충제) : 사람이나 가축 등에 해가 되는 벌레를 죽이거나 없애는 약
(殺 죽일 살) (劑 약제 제)

` 丨 口 口 中 虫 虫 虫 虫 虫 蚰 蚰 蚰 蟲 蟲 蟲 蟲 蟲 蟲 `

蟲	蟲	蟲						

391 6급 취	取	**가질 취** 又부 6획 총8획	
전쟁에서 승리하면 적군의 귀(耳)를 잘라 손(又)에 넣었다는 데서 취함을 뜻함			□ 得 (취득) : 자기의 소유로 만들거나 가짐 (得 얻을 득) □ 材 (취재) : 작품이나 기사의 재료를 얻음 (材 재목 재)

一 「 F F F 耳 取 取

取 取 取

392 7급 치	齒	**이 치** 齒부 0획 총15획	
잇몸을 따라 박혀있는(止) 치아의 모양을 본떠 만듦			□ 科 (치과) : 이를 전문으로 치료하고 연구하는 의학의 한 분과 (科 과목 과) □ 石 (치석) : 이에 누렇게 엉기어 붙은 단단한 물질 (石 돌 석)

丨 ㅏ ㅏ 止 止 步 步 步 齿 齿 齿 歯 歯 齒 齒

齒 齒 齒

393 6급 치	治	**다스릴 치** 氵=水부 5획 총8획	
물(水)을 아기 다루듯(台) 잘 아우르는 것이 다스림이라는 뜻			□ 安 (치안) : 국가 사회의 안녕과 질서를 보전함 (安 편안 안) 自 □ (자치) : 자기의 일을 스스로 다스림 (自 스스로 자)

丶 丶 氵 氵 汁 泊 治 治

治 治 治

394 6급 치	致	**이를 치** 至부 4획 총10획	
회초리로 매를 때려(攵=攴) 빨리 도달하도록 한다(至)는 데서 '이르다'를 뜻함			□ 富 (치부) : 재물을 모아 부자가 됨 (富 부자 부) □ 命 (치명) : 죽을 지경에 이름 (命 목숨 명)

一 厶 厽 厽 互 至 至 致 致 致

致 致 致

395 8급 칙	則	**법칙 칙** 刂=刀부 7획 총9획	
재산(貝)을 칼(刂=刀)로 자르듯 나눌 때는 법칙이 있어야 한다는 데서 법칙을 뜻함			法 □ (법칙) : 반드시 지켜야 할 규칙 (法 법 법) 反 □ (반칙) : 규칙을 어김 (反 돌이킬 반)

丨 冂 冂 月 目 貝 貝 則 則

則 則 則

396 6급 친	親	친할 친 見부 9획 총16획

서(立)있는 나무(木)를 보살피듯(見) 자식을 보살피는 사람이 부모이며 부모와 자식은 서로 친함을 뜻함

☐ 近 (친근) : 정분이 친하고 가까움 (近 가까울 근)

兩 ☐ (양친) : 아버지와 어머니 (兩 두 량)

`  ㅗ ㅗ ㅜ 立 辛 亲 亲 亲 亲 親 親 親 親 親`

親	親	親							

397 8급 칠	七	일곱 칠 一부 1획 총2획

다섯 손가락은 위로 펴고 다른 손의 두 손가락은 옆으로 편 모양을 본떠 만듦

☐ 月 (칠월) : 한 해의 일곱째 달 (月 달 월)

☐ 日 (칠일) : 이레 (日 날 일)

`一 七`

七	七	七							

398 8급 태	太	클 태 大부 1획 총4획

커다란 것(大)에 또다시 점(·)을 찍으니 더욱 크다는 것을 뜻함

☐ 平 (태평) : 세상이 안정되고 풍년이 들어 아무 걱정이 없고 편안함 (平 평평할 평)

☐ 半 (태반) : 거의 3분의 2를 넘음을 이르는 말 (半 반 반)

`一 ナ 大 太`

太	太	太							

399 6급 택	宅	집 택(댁) 宀부 3획 총6획

사람이 의지하기를 부탁하며(乇) 살아가야 하는 것이 집(宀)이라는 뜻

☐ 內 (댁내) : 남의 집안을 높여 부르는 말 (內 안 내)

自 ☐ (자택) : 자기의 집 (自 스스로 자)

`丶 宀 宀 宅 宅 宅`

宅	宅	宅							

400 9급 토	土	흙 토 土부 0획 총3획

어린 나무와 풀의 싹이 돋아나는 곳의 땅 모양으로 본떠 만든 글자로 땅은 곧 흙을 뜻함

☐ 地 (토지) : 땅, 또는 흙 (地 땅 지)

國 ☐ (국토) : 나라의 땅 (國 나라 국)

`一 十 土`

土	土	土							

연습문제 8

01-10 다음 한자(漢字)의 음(音)은 무엇입니까?

01 注 : ① 좌　② 존　③ 주　④ 제　⑤ 지

02 志 : ① 지　② 차　③ 찰　④ 직　⑤ 진

03 紙 : ① 진　② 질　③ 죽　④ 지　⑤ 집

04 集 : ① 집　② 증　③ 중　④ 찰　⑤ 좌

05 次 : ① 죽　② 창　③ 차　④ 집　⑤ 종

06 察 : ① 중　② 주　③ 추　④ 착　⑤ 찰

07 祝 : ① 춘　② 축　③ 최　④ 추　⑤ 참

08 充 : ① 청　② 체　③ 충　④ 책　⑤ 찰

09 齒 : ① 추　② 초　③ 촌　④ 치　⑤ 천

10 初 : ① 체　② 충　③ 지　④ 치　⑤ 초

11-15 다음의 음(音)을 가진 한자(漢字)는 어느 것입니까?

11 중 : ① 正　② 種　③ 地　④ 重　⑤ 册

12 진 : ① 止　② 至　③ 眞　④ 指　⑤ 參

13 체 : ① 天　② 千　③ 體　④ 忠　⑤ 左

14 천 : ① 太　② 淸　③ 靑　④ 治　⑤ 川

15 촌 : ① 忠　② 村　③ 草　④ 出　⑤ 親

16-25 다음 한자(漢字)의 뜻은 무엇입니까?

16 住 : ① 살다　② 주인　③ 해치다
　　　④ 물대다　⑤ 푸르다

17 止 : ① 맑다　② 꿇다　③ 그치다
　　　④ 가다　⑤ 구부리다

18 中 : ① 셋　② 둘　③ 우주
　　　④ 하늘　⑤ 가운데

19 至 : ① 막다　② 처음　③ 닿다
　　　④ 파다　⑤ 이르다

20 進 : ① 빠르다　② 달리다　③ 나아가다
　　　④ 물러나다　⑤ 가리키다

21 淸 : ① 빌다   ② 맑다   ③ 푸르다
        ④ 청하다   ⑤ 친하다

22 草 : ① 풀   ② 몸   ③ 내
        ④ 가을   ⑤ 버금

23 治 : ① 이르다   ② 흐르다   ③ 다스리다
        ④ 채우다   ⑤ 가지다

24 寸 : ① 처음   ② 마디   ③ 마을
        ④ 가장   ⑤ 마루

25 千 : ① 창   ② 일만   ③ 일천
        ④ 일백   ⑤ 일조

26-30 다음의 뜻을 가진 한자(漢字)는 어느
        것입니까?

26 바탕   : ① 主 ② 重 ③ 紙 ④ 察 ⑤ 質

27 참여하다 : ① 眞 ② 直 ③ 集 ④ 參 ⑤ 知

28 가지다 : ① 村 ② 齒 ③ 則 ④ 蟲 ⑤ 取

29 가을   : ① 竹 ② 秋 ③ 致 ④ 村 ⑤ 宅

30 채우다 : ① 體 ② 初 ③ 充 ④ 川 ⑤ 宗

31-40 다음 한자어(漢字語)의 음(音)은 무엇입
        니까?

31 空中 : ① 공중 ② 중간 ③ 중심 ④ 중앙 ⑤ 공간

32 體重 : ① 중시 ② 체중 ③ 소중 ④ 중량 ⑤ 체격

33 同志 : ① 지망 ② 지원 ③ 지사 ④ 동지 ⑤ 동원

34 表紙 : ① 인지 ② 휴지 ③ 표찰 ④ 색지 ⑤ 표지

35 眞實 : ① 진실 ② 천진 ③ 진리 ④ 과실 ⑤ 진심

36 天才 : ① 둔재 ② 천하 ③ 천지 ④ 천재 ⑤ 천상

37 淸算 : ① 청풍 ② 청명 ③ 청산 ④ 청결 ⑤ 청정

38 始初 : ① 초기 ② 시발 ③ 초대 ④ 시작 ⑤ 시초

39 草野 : ① 초야 ② 초가 ③ 초원 ④ 야채 ⑤ 평야

40 農村 : ① 촌락 ② 농촌 ③ 산촌 ④ 어촌 ⑤ 농업

401 6급 통	統	거느릴 통 糸부 6획 총12획

실(糸)처럼 생긴 줄 등으로 몸을 충분히(充) 묶어놓으면 거느리기 좋다는 데서 거느림을 뜻함

☐ 一 (통일) : 한데 뭉치어 하나가 됨 (一 한 일)

傳 ☐ (전통) : 역사적으로 이어온 습관 (傳 전할 전)

統 統 統 統 統 統 統 統 統 統 統 統

統 統 統

402 6급 통	通	통할 통 辶=辵부 7획 총11획

뻥 뚫려 있는 관(甬)처럼 생긴 작은 길을 따라 나아가면(辶=辵) 큰 길로 통함을 뜻함

☐ 過 (통과) : 통하여 지나감. 결정이 됨 (過 지날 과)

☐ 路 (통로) : 통하여 다닐 수 있게 트인 길 (路 길 로)

通 通 通 通 通 通 通 通 通 通 通

通 通 通

403 6급 특	特	특별할 특 牛부 6획 총10획

절(寺)이나 관청 등에서 소(牛)를 잡는 것은 특별한 일이라는 데서 특별함을 뜻함

☐ 命 (특명) : 특별히 명령함, 또는 그 명령 (命 목숨 명)

☐ 使 (특사) : 특별히 따로 보냄, 또는 그 사자 (使 하여금 사)

特 特 特 特 特 特 特 特 特 特

特 特 特

404 6급 파	波	물결 파 氵=水부 5획 총8획

강이나 바다 같은 물(氵=水)의 가죽(皮)이나 껍질, 즉 물의 표면에는 물결이 있음을 뜻함

☐ 動 (파동) : 물결의 움직임. 사회적으로 일어난 큰 변동 (動 움직일 동)

人 ☐ (인파) : 많은 사람이 움직여 그 모양이 물결처럼 보이는 상태 (人 사람 인)

波 波 波 波 波 波 波 波

波 波 波

405 8급 팔	八	여덟 팔 八부 0획 총2획

양 손의 네 손가락씩 핀 모양을 본떠 만듦

☐ 角 (팔각) : 여덟 모 (角 뿔 각)

☐ 方 美 人 (팔방미인) : 여러 방면에 능통한 사람 (方 모 방) (美 아름다울 미) (人 사람 인)

八 八

八 八 八

406 7급 편 便	편할 편 亻=人부 7획 총9획

사람(亻=人)이 불편한 것들을 바로잡고 다시 고치면(更) 편리하게 된다는 데서 편함을 뜻함

☐安 (편안) : 몸이나 마음이 편하고 좋음 (安 편안 안)

不☐ (불편) : 편하지 못함 (不 아닐 불)

丿 亻 仁 仁 行 何 佰 便 便

便	便	便						

407 6급 편 片	조각 편 片부 0획 총4획

널빤지나 나무를 쪼개어 나누어진 하나의 조각을 뜻함

☐道 (편도) : 가고 오는 길 가운데 어느 한쪽, 또는 그 길 (道 길 도)

斷☐ (단편) : 전반에 걸치지 않고 한 부분에만 국한된 조각 (斷 끊을 단)

丿 丿 片 片

片	片	片						

408 7급 평 平	평평할 평 干부 2획 총5획

물 위에 뜬 물풀(丷)이 방패(干)에 있는 무늬처럼 평평하게 있음을 본떠 만듦

公☐ (공평) : 어느 한쪽에 치우치지 않고 공정함 (公 공평할 공)

☐素 (평소) : 보통 때 (素 본디 소)

一 丆 丂 平 平

平	平	平						

409 8급 표 表	겉 표 衣부 2획 총8획

털(毛)이 달린 외투(衣)는 표시가 나도록 겉에 입는다는 데서 겉 또는 바깥을 뜻함

☐示 (표시) : 겉으로 드러내어 보임 (示 보일 시)

☐情 (표정) : 마음속의 감정이나 정서 따위가 얼굴에 나타난 상태 (情 뜻 정)

一 二 キ 主 丰 表 表 表

表	表	表						

410 7급 품 品	물건 품 口부 6획 총9획

많은 사람들의 입(口)에서 입(口)으로 좋고 나쁨이 전달되어지는 것이 물건임을 뜻함

☐質 (품질) : 물건의 좋고 나쁜 바탕이나 성질 (質 바탕 질)

☐行 (품행) : 타고난 성질과 하는 행동 (行 다닐 행)

丨 冂 口 口 口 口 吕 品 品

品	品	品						

411 8급 풍	風	바람 풍 風부 0획 총9획

대부분(凡)의 웅크린 뱀처럼 생긴 벌레(虫)들은 바람이 멈추어야 번식함을 뜻함

☐ 車 (풍차) : 바람의 힘을 이용하여 동력을 얻는 기계 장치 (車 수레 차)

家 ☐ (가풍) : 한 집안이 전하여 내려오는 풍습 (家 집 가)

ノ 几 几 凡 凡 凨 凨 風 風

風	風	風						

412 6급 풍	豊	풍성할 풍 豆부 11획 총18획

가을에 수확한 곡식들을 그릇(豆) 위에 많이 올려놓은 모양을 나타낸 글자로 풍부함을 뜻함

☐ 年 (풍년) : 농사가 잘된 해 (年 해 년)

☐ 足 (풍족) : 매우 넉넉하여 모자람이 없음 (足 발 족)

丶 冂 冂 由 曲 曲 曲 曹 曹 曹 曹 豊

豊	豊	豊						

413 7급 필	必	반드시 필 心부 1획 총5획

마음(心) 속의 삐뚤어진(丶) 생각은 반드시 고쳐야 한다는 데서 반드시를 뜻함

☐ 然的 (필연적) : 사물이 그리될 수밖에 없는 일 (然 그럴 연) (的 과녁 적)

☐ 勝 (필승) : 반드시 이김 (勝 이길 승)

丶 丷 必 必 必

必	必	必						

414 6급 필	筆	붓 필 竹부 6획 총12획

붓(聿) 중에서 대나무(竹)로 만들어진 붓을 뜻함

☐ 記 (필기) : 글씨를 씀 (記 기록할 기)

名 ☐ (명필) : 아주 잘 쓴 글씨 (名 이름 명)

ノ ヽ ト 竹 竹 竹 笁 笁 竿 竿 筆 筆

筆	筆	筆						

415 8급 하	下	아래 하 一부 2획 총3획

기준이 되는 막대(一) 아래에 물건(卜)이 있는 것을 뜻함

☐ 校 (하교) : 공부를 마치고 학교에서 돌아옴 (校 학교 교)

臣 ☐ (신하) : 임금을 섬기어 벼슬하는 사람 (臣 신하 신)

一 丁 下

下	下	下						

416 7급 하	夏	여름 **하** 夊부 7획 총10획

큰 머리(頁)에 탈을 쓰고 춤을 추며 천천히 걷는(夊) 계절은 여름임을 뜻함

□ 服 (하복) : 여름에 입는 옷 (服 옷 복)

□ 期 (하기) : 여름의 시기. 여름철 (期 기약할 기)

一 一 T 下 下 百 百 頁 夏 夏

夏 夏 夏

417 7급 학	學	배울 **학** 子부 13획 총16획

아이들(子)이 깍지를 끼듯(臼) 양손에 책을 들고 가르침을 본받는 것에서 배움과 공부함을 뜻함

□ 校 (학교) : 공부를 가르치고 또한 배우는 곳 (校 학교 교)

科 □ (과학) : 자연에 속하는 것을 다루는 학문 (科 과목 과)

′ F F F F E E F 於 於 於 與 與 學 學 學

學 學 學

418 6급 한	漢	한수, 한나라 **한** 氵=水부 11획 총14획

남북으로 흐르는 한수(氵=水)의 상류는 노란 진흙(黃)이 많이 발전하여 중국이란 나라를 뜻하게 됨

□ 城 (한성) : 서울의 옛 이름 (城 재 성)

惡 □ (악한) : 나쁜 짓을 하는 남자 (惡 악할 악)

丶 丶 氵 氵 沪 沪 汗 沣 洪 洪 漢 漢 漢 漢

漢 漢 漢

419 6급 한	韓	한국, 나라 **한** 韋부 8획 총17획

뛰어날 정도로 훌륭하게(卓) 무두질한 가죽(韋)처럼 위대한(偉) 나라, 즉 한국을 뜻함

□ 國 (한국) : 대한민국의 준말 (國 나라 국)

南 □ (남한) : 휴전선 이남의 한국 (南 남녘 남)

一 十 十 古 古 直 直 卓 卓' 卓' 草 草 草 草 韓 韓 韓

韓 韓 韓

420 8급 합	合	합할 **합** 口부 3획 총6획

사람들(人)이 서로 말(口)을 하여 의견을 하나(一)로 만드는 것은 서로 합함을 뜻함

□ 同 (합동) : 둘 이상이 모여 하나가 되거나, 모아서 하나로 함 (同 한가지 동)

□ 理 (합리) : 이치에 맞음 (理 다스릴 리)

ノ 人 스 스 合 合

合 合 合

421 7급 해	海	바다 해		
		⺡=水부 7획 총10획	☐ 上 (해상) : 바다 위 (上 윗 상)	
			☐ 外 (해외) : 바다를 사이에 둔 다른 나라 (外 바깥 외)	

물(⺡=水)은 항상(每) 끝없이 흘러가는데 그래서 이루는 것이 바다임을 뜻함

`丶 丶 氵 氵 汇 洤 海 海 海 海`

海	海	海							

422 6급 해	解	풀 해		
		角부 6획 총13획	☐ 說 (해설) : 알기 쉽게 풀어서 설명함 (說 말씀 설)	
			☐ 消 (해소) : 이제까지의 일이나 관계 또는 사물을 지워 없앰 (消 사라질 소)	

소(牛)의 뿔(角)과 살 그리고 뼈 등을 칼(刀)로 바르며 풀어헤침에서 '풀다'를 뜻함

`丿 ⺈ ⺈ 角 角 角 角 解 解 解 解 解 解`

解	解	解							

423 9급 행	行	다닐 행		
		行부 0획 총6획	銀 ☐ (은행) : 여러 사람의 저금을 맡거나 필요한 사람에게 빌려 주거나 하는 곳 (銀 은 은)	
			☐ 動 (행동) : 동작을 하여 행하는 일 (動 움직일 동)	

교차하는 네거리를 본떠 만듦으로서 가다 또는 행함이라는 뜻이 됨

`丿 彳 彳 彳 行 行`

行	行	行							

424 8급 행	幸	다행 행		
		干부 5획 총8획	多 ☐ (다행) : 일이 좋게 됨 (多 많을 다)	
			不 ☐ (불행) : 행복하지 아니함, 신수가 나쁨 (不 아닐 불)	

일찍 죽는(夭) 것을 피해서(逆) 천천히 가니 다행스러움을 나타냄

`一 十 土 士 查 查 查 幸`

幸	幸	幸							

425 7급 향	香	향기 향		
		香부 0획 총9획	☐ 氣 (향기) : 기분 좋은 냄새 (氣 기운 기)	
			☐ 料 (향료) : 향기를 내는 물질 (料 헤아릴 료)	

곡식(禾)이 햇볕(日)을 받아 익어가니 곡식의 냄새가 좋아지는 데서 향기를 뜻함

`丿 ⺘ 千 千 禾 禾 香 香 香`

香	香	香							

426 6급 향	向	**향할 향** 口부 3획 총6획

집(宀)에 있는 창문(口)의 위치에 따라 바람이 들어오니 바람의 방향과 그 쪽을 향함을 나타냄

□ 上 (향상) : 위로 향하여 나아감. 좋아짐 (上 윗 상)

意 □ (의향) : 무엇을 하려는 생각 (意 뜻 의)

丿 丶 冂 向 向 向

向	向	向							

427 6급 향	鄉	**시골 향** 阝=邑부 10획 총13획

작은 아이들이(幺) 놀기 좋은(良) 마을(阝=邑)이 시골이며 그런 곳이 고향임을 뜻함

□ 土 (향토) : 시골 (土 흙 토)

故 □ (고향) : 태어나서 자란 곳 (故 연고 고)

乡 纟 纟 绉 纳 绅 绅 绅 绅 绅 绅 鄉 鄉

鄉	鄉	鄉							

428 6급 현	現	**나타날 현** 王=玉부 7획 총11획

옥돌(王=玉)을 갈고 빛내어 바라본다(見)는 뜻임

□ 金 (현금) : 현재 가지고 있는 돈 (金 쇠 금)

□ 代 (현대) : 오늘날의 시대 (代 대신 대)

一 二 干 王 玗 玗 玔 玔 玔 現 現

現	現	現							

429 7급 혈	血	**피 혈** 血부 0획 총6획

제사에 필요한 짐승의 피를 그릇(皿)에 담아 놓은 모양을 본떠 만듦

□ 色 (혈색) : 살갗에 나타난 핏기 (色 빛 색)

□ 眼 (혈안) : 기를 쓰고 힘써서 핏발이 선 눈 (眼 눈 안)

丿 丶 冂 冇 血 血

血	血	血							

430 8급 형	兄	**형 형** 儿부 3획 총5획

아우나 누이를 말(口)로 가르쳐주고 이끌어주는 어진 사람(儿)이 형이라는 뜻

□ 夫 (형부) : 언니의 남편 (夫 지아비 부)

□ 弟 (형제) : 형과 아우 (弟 아우 제)

丨 冂 口 尸 兄

兄	兄	兄							

| 431 7급 형 | 形 | 형상 형
彡부 4획
총7획 | □ 成 (형성) : 어떤 모양으로 이루어짐 (成 이룰 성)
□ 式 (형식) : 겉모습, 또는 격식이나 절차 (式 법 식) |

나무나 종이 등의 평평한 판(开)에 예쁘게 그린 무늬(彡)라는 데서 모양이나 형상을 뜻함

一 二 于 开 开´ 形 形

| 形 | 形 | 形 | | | | | | | |

| 432 6급 혜 | 惠 | 은혜 혜
心부 8획
총12획 | 恩 □ (은혜) : 베풀어 주는 혜택 (恩 은혜 은)
受 □ (수혜) : 혜택을 받는 일 (受 받을 수) |

교만한 언행을 삼가고(重) 어진 마음(心)을 베푸는 것이 은혜임을 뜻함

一 一 一 百 車 重 重 重 惠 惠 惠

| 惠 | 惠 | 惠 | | | | | | | |

| 433 6급 호 | 號 | 이름 호
虍부 7획
총13획 | 信 □ (신호) : 소리, 색깔, 빛, 모양 따위의 일정한 부호에 의하여 의사를 전하는 일, 또는 그 부호 (信 믿을 신)
記 □ (기호) : 어떤 뜻을 나타내기 위한 문자나 부호 (記 기록할 기) |

호랑이(虎)가 입(口)을 크게 벌려 울부짖으며 동족을 부르는(丂)는 데서 이름 또는 부르짖음을 뜻함

丶 丷 ロ 므 号 号´ 号´ 号゚ 號 號 號 號 號

| 號 | 號 | 號 | | | | | | | |

| 434 9급 화 | 火 | 불 화
火부 0획
총4획 | □ 力 (화력) : 불의 힘 (力 힘 력)
放 □ (방화) : 일부러 불을 지름 (放 놓을 방) |

활활 타고 있는 불꽃의 모양을 본떠 만듦

丶 丷 少 火

| 火 | 火 | 火 | | | | | | | |

| 435 7급 화 | 化 | 될 화
匕부 2획
총4획 | 感 □ (감화) : 좋은 영향을 받아 착한 마음으로 바뀜 (感 느낄 감)
變 □ (변화) : 사물의 모양, 성질, 상태 등이 달라짐 (變 변할 변) |

사람(亻=人)이 모양을 바꾸어 끝이 뾰족한 숟가락도 된다(匕)는 데서 '되다'를 뜻함

丿 亻 亻´ 化

| 化 | 化 | 化 | | | | | | | |

436		화할 화	□合 (화합) : 화목하게 어울림 (合 합할 합)
7급 화	和	口부 5획 총8획	平□ (평화) : 평온하고 화목함 (平 평평할 평)

가을에 추수한 벼(禾)를 나누어 먹음(口)에서 화목함과 서로 합함을 뜻함

一 二 千 禾 禾 和 和 和

和	和	和					

437		꽃 화	□園 (화원) : 꽃을 심은 동산 (園 동산 원)
7급 화	花	++=艸부 4획 총8획	開□ (개화) : 꽃이 핌 (開 열 개)

풀(++=艸)이 자라서 봉오리가 맺히고 피어나는 것이 예쁘게 되는(化) 것에서 꽃임을 뜻함

一 十 十 ++ ++ 花 花 花

花	花	花					

438		말씀 화	□題 (화제) : 이야깃거리 (題 제목 제)
7급 화	話	言부 6획 총13획	對□ (대화) : 서로 마주 대하여 이야기함, 또는 그 이야기 (對 대할 대)

입안에서 혀(舌)를 내밀면서 재미있게 이야기를 하는(言) 것에서 대화 또는 말씀을 뜻함

一 二 三 言 言 言 言 訂 許 許 話 話 話

話	話	話					

439		그림 화/그을 획	□家 (화가) : 그림 그리는 일을 전문으로 하는 사람 (家 집 가)
7급 화	畵	田부 8획 총13획	□面 (화면) : 텔레비전이나 컴퓨터 등에 그림이나 영상이 나타나는 면 (面 낯 면)

붓(聿)을 들어 서로 경계가 되는(一) 밭의 모양(田)을 그린다는 데서 그림 또는 '긋다'를 뜻함

一 一 一 ⋻ 聿 聿 書 書 書 書 書 畵 畵

畵	畵	畵					

440		살 활	□用 (활용) : 그것이 지닌 능력이나 기능을 잘 살려 씀 (用 쓸 용)
7급 활	活	氵=水부 6획 총9획	生□ (생활) : 살아서 활동함. 생계를 유지하며 살아나감 (生 날 생)

물(氵=水)을 마시면서 혀(舌)로 물맛을 느낀다는 데서 산다는 것을 뜻함

丶 冫 氵 汢 泙 汗 活 活 活

活	活	活					

441 6급 황	黃	누를 황 黃부 0획 총12획

땅과 밭(田)에 햇빛(光)이 비춰지니 땅의 색깔이 노랑으로 보임을 뜻함

☐ 金 (황금) : 금, 돈 또는 재물을 이르는 말 (金 쇠 금)

☐ 土 (황토) : 누르고 거무스름한 흙 (土 흙 토)

一 十 卄 꿘 꿘 꿘 꿘 苦 苗 苗 黃 黃

黃 黃 黃

442 8급 회	回	돌아올 회 口부 3획 총6획

소용돌이의 물이 빙빙 도는 모양을 본떠 만듦

☐ 復 (회복) : 이전의 상태로 돌아옴 (復 회복할 복)

☐ 想 (회상) : 지난 일을 돌이켜 생각함 (想 생각 상)

丨 冂 冂 冋 回 回

回 回 回

443 6급 회	會	모일 회 日부 9획 총13획

사람들(人)이 거듭 거듭 겹쳐서 더해지는(曾) 것은 서로 모인다는 뜻

☐ 長 (회장) : 어떤 모임을 대표하는 사람 (長 길 장)

運 動 ☐ (운동회) : 여러 사람이 모여 운동 경기나 놀이 따위를 하는 모임 (運 옮길 운) (動 움직일 동)

丿 人 人 人 今 侖 侖 侖 侖 會 會 會 會

會 會 會

444 6급 효	孝	효도 효 子부 4획 총7획

나이든 노인(耂)을 자식(子)이 등에 업어서 잘 봉양하는 것이 효도임을 뜻함

☐ 道 (효도) : 어버이를 잘 섬김, 또는 그 도리 (道 길 도)

☐ 誠 (효성) : 부모를 섬기는 정성 (誠 정성 성)

一 十 土 耂 夬 考 孝

孝 孝 孝

445 6급 효	效	본받을 효 攵=攴부 6획 총10획

타이르고 가르쳐(攵=攴) 좋은 것이 모두에게 새겨지도록 한다(交)는 데서 본받음을 뜻함

有 ☐ (유효) : 효과나 효력이 있음. 보람이 있음 (有 있을 유)

無 ☐ (무효) : 효과나 효력이 없음 (無 없을 무)

丶 亠 亠 六 亥 交 交 効 效 效

效 效 效

| 446 7급 후 | 後 | 뒤 후
彳부 6획
총9획 | □退 (후퇴) : 뒤로 물러감 (退 물러날 퇴) |
| | | | 最□ (최후) : 맨 끝. 맨 마지막 (最 가장 최) |

두 사람의 걸음걸이(彳)가 아이(幺)처럼 뒤에 쳐지면서(夂) 걷는다는 데서 뒤를 뜻함

丿 ㇏ 彳 彳 彳 徉 袏 袏 後

| 後 | 後 | 後 | | | | | | | |

| 447 6급 훈 | 訓 | 가르칠 훈
言부 3획
총10획 | 家□ (가훈) : 집안 어른들이 그 자녀들에게 주는 교훈
(家 집 가) |
| | | | 教□ (교훈) : 지침이 될 만한 가르침 (教 가르칠 교) |

지식이나 옳은 말(言)을 흐르는 냇물(川)처럼 막힘없이 하여야 하는 것이 가르침을 뜻함

丶 ㇉ 言 言 言 言 言 訓 訓

| 訓 | 訓 | 訓 | | | | | | | |

| 448 6급 휴 | 休 | 쉴 휴
亻=人부 4획
총6획 | 公□日 (공휴일) : 나라에서 제정한 쉬는 날
(公 공평할 공)(日 날 일) |
| | | | □戰 (휴전) : 하던 전쟁을 얼마 동안 쉼 (戰 싸움 전) |

사람(人)이 나무(木) 밑의 그늘에서 쉰다는 데서 '쉬다'를 뜻함

丿 亻 仁 什 休 休

| 休 | 休 | 休 | | | | | | | |

| 449 6급 흥 | 興 | 일 흥
臼부 9획
총16획 | □行 (흥행) : 돈을 받고 연극 · 영화 등을 구경시키는 일
(行 다닐 행) |
| | | | 復□ (부흥) : 쇠하였던 것이 다시 일어남, 또는 쇠하였던
것을 다시 일어나게 함 (復 다시 부, 회복할 복) |

여러 명이 다함께(同) 절구(臼)를 마주 들어올린다(八)는 뜻에서 일어나다 또는 들어 올림을 뜻함

丶 ㇒ 亻 乍 乍 肙 肙 肙 肙 肙 肙 肙 肙 興 興 興

| 興 | 興 | 興 | | | | | | | |

| 450 6급 희 | 希 | 바랄 희
巾부 4획
총7획 | □求 (희구) : 바라며 구함 (求 구할 구) |
| | | | □望 (희망) : 어떤 일을 이루거나 얻고자 기대하고 바람
(望 바랄 망) |

실을 섞어 예쁘게 짠(爻) 옷감이나 천(巾)이란 뜻에서 갖기를 바란다는 뜻과 그것은 드물다는 뜻

丿 ㇂ ㇇ 产 产 希 希

| 希 | 希 | 希 | | | | | | | |

연습문제

01-10 다음 한자(漢字)의 음(音)은 무엇입니까?

01 波 : ① 패　② 팔　③ 통　④ 판　⑤ 파

02 特 : ① 탱　② 투　③ 특　④ 택　⑤ 팔

03 筆 : ① 하　② 필　③ 패　④ 특　⑤ 평

04 夏 : ① 합　② 한　③ 학　④ 하　⑤ 표

05 幸 : ① 해　② 호　③ 형　④ 풍　⑤ 행

06 解 : ① 해　② 학　③ 한　④ 혈　⑤ 행

07 話 : ① 확　② 필　③ 환　④ 황　⑤ 화

08 效 : ① 효　② 흥　③ 후　④ 흉　⑤ 향

09 訓 : ① 형　② 춘　③ 천　④ 훈　⑤ 현

10 畫 : ① 후　② 희　③ 호　④ 화　⑤ 효

11-15 다음의 음(音)을 가진 한자(漢字)는 어느 것입니까?

11 해 : ① 兄　② 海　③ 統　④ 行　⑤ 片

12 형 : ① 形　② 向　③ 現　④ 合　⑤ 表

13 회 : ① 漢　② 化　③ 孝　④ 興　⑤ 回

14 희 : ① 火　② 休　③ 希　④ 回　⑤ 學

15 흥 : ① 和　② 興　③ 孝　④ 平　⑤ 血

16-25 다음 한자(漢字)의 뜻은 무엇입니까?

16 統 : ① 쉬다　② 차다　③ 거세다
　　　④ 세차다　⑤ 거느리다

17 豊 : ① 풍성하다　② 울다　③ 외롭다
　　　④ 두렵다　⑤ 모이다

18 合 : ① 뭉치다　② 합하다　③ 본받다
　　　④ 해하다　⑤ 평평하다

19 現 : ① 보다　② 구슬　③ 나타나다
　　　④ 사라지다　⑤ 돌아오다

20 惠 : ① 은혜　② 바다　③ 하늘
　　　④ 감사　⑤ 향기

21 學 : ① 줍다　　② 익히다　③ 배우다
　　　　④ 가르치다　⑤ 거느리다

22 孝 : ① 효도　　② 아들　　③ 노인
　　　　④ 봉양　　⑤ 이름

23 和 : ① 되다　　② 맛보다　③ 화하다
　　　　④ 말하다　⑤ 편하다

24 會 : ① 두다　　② 통하다　③ 합하다
　　　　④ 모이다　⑤ 되새기다

25 黃 : ① 검다　　② 막다　　③ 푸르다
　　　　④ 누렇다　⑤ 바라다

26-30 다음의 뜻을 가진 한자(漢字)는 어느
　　　　것입니까?

26 반드시 : ① 後　②宅　③土　④必　⑤鄕

27 평평하다 : ① 平　②表　③風　④波　⑤品

28 한국　 : ① 下　②幸　③韓　④兄　⑤便

29 모양　 : ① 興　②海　③血　④形　⑤通

30 살다　 : ① 訓　②火　③希　④花　⑤活

31-40 다음 한자어(漢字語)의 음(音)은 무엇입
　　　　니까?

31 統計 : ① 전설 ② 통계 ③ 전통 ④ 통치 ⑤ 통보

32 特命 : ① 특사 ② 제명 ③ 엄명 ④ 수명 ⑤ 특명

33 南韓 : ① 한국 ② 남한 ③ 한일 ④ 북한 ⑤ 남극

34 解說 : ① 해설 ② 논설 ③ 해명 ④ 설명 ⑤ 해석

35 香料 : ① 음료 ② 재료 ③ 향수 ④ 향료 ⑤ 향불

36 形式 : ① 행성 ② 법식 ③ 형식 ④ 준칙 ⑤ 예식

37 記號 : ① 기자 ② 기사 ③ 암호 ④ 기후 ⑤ 기호

38 花園 : ① 화초 ② 개화 ③ 화원 ④ 정원 ⑤ 화실

39 話題 : ① 화두 ② 화제 ③ 화술 ④ 문제 ⑤ 숙제

40 回想 : ① 회상 ② 회답 ③ 상상 ④ 사상 ⑤ 감상

CHAPTER

03

모의고사 및 정답

지금까지 배운 한자를 총복습하고,
시험의 패턴을 익히는 목적으로 차분히 풀어보자.

모의고사 1

漢 字

01-03 다음 한자(漢字)의 부수(部數)는 무엇입니까?

01 萬 : ①田 ②三 ③艹 ④甲 ⑤門

02 成 : ①戈 ②干 ③人 ④入 ⑤二

03 花 : ①人 ②匕 ③化 ④花 ⑤艹

04-05 다음 한자(漢字)는 모두 몇 획입니까?

04 兒 : ①7 ②8 ③9 ④10 ⑤11

05 邑 : ①5 ②6 ③7 ④8 ⑤9

06-07 다음 그림에 해당하는 한자는 무엇입니까?

06 ①馬 ②魚 ③田 ④山 ⑤耳

07 ①末 ②土 ③工 ④九 ⑤可

08-17 다음 한자(漢字)의 음(音)은 무엇입니까?

08 口 : ①구 ②거 ③고 ④가 ⑤국

09 身 : ①교 ②선 ③학 ④사 ⑤신

10 夫 : ①대 ②인 ③부 ④입 ⑤실

11 力 : ①천 ②가 ③력 ④도 ⑤산

12 果 : ①과 ②목 ③전 ④일 ⑤양

13 兄 : ①아 ②형 ③오 ④항 ⑤인

14 用 : ①나 ②웅 ③노 ④용 ⑤소

15 考 : ①역 ②리 ③고 ④녀 ⑤로

16 例 : ①례 ②철 ③민 ④주 ⑤열

17 冊 : ①산 ②혁 ③책 ④공 ⑤차

18-27 다음 음(音)을 가진 한자는 무엇입니까?

18 왕 : ①土 ②中 ③王 ④本 ⑤老

19 심 : ①人 ②口 ③工 ④心 ⑤目

20 석 : ①石 ②車 ③女 ④文 ⑤大

21 자 : ①果 ②子 ③火 ④夫 ⑤門

22 립 : ①面 ②日 ③足 ④主 ⑤立

23 우 : ①用 ②外 ③牛 ④者 ⑤色

24 동 : ①東 ②來 ③單 ④南 ⑤西

25 의 : ①反 ②所 ③要 ④醫 ⑤洋

26 결 : ①經 ②君 ③里 ④林 ⑤決

27 시 : ①受 ②官 ③是 ④吉 ⑤完

28-36 다음 한자(漢字)의 뜻은 무엇입니까?

28 力 : ①력 ②힘 ③칼 ④달 ⑤도

29 土 : ①흙 ②선비 ③태양 ④하늘 ⑤우주

30 石 : ①땅 ②물 ③바람 ④돌 ⑤불

31 木 : ①달 ②해 ③날 ④물 ⑤나무

32 中 : ①위 ②가운데 ③끝 ④아래 ⑤근본

33 用 : ①가다 ②먹다 ③쓰다 ④웃다 ⑤오다

34 多 : ①저녁 ②적다 ③아침 ④많다 ⑤작다

35 農 : ①논 ②밭 ③행사 ④낚시 ⑤농사

36 休 : ①자다 ②걷다 ③뛰다 ④쉬다 ⑤나무

37-45 다음의 뜻을 가진 한자(漢字)는 무엇입니까?

37 물 : ① 山 ② 天 ③ 水 ④ 火 ⑤ 大

38 서다 : ① 力 ② 立 ③ 母 ④ 父 ⑤ 交

39 아이 : ① 羊 ② 魚 ③ 衣 ④ 高 ⑤ 兒

40 내 : ① 身 ② 門 ③ 夕 ④ 川 ⑤ 天

41 셋 : ① 一 ② 三 ③ 六 ④ 九 ⑤ 民

42 인간 : ① 示 ② 角 ③ 次 ④ 世 ⑤ 令

43 먼저 : ① 半 ② 先 ③ 定 ④ 出 ⑤ 基

44 아름답다 : ① 聞 ② 例 ③ 美 ④ 放 ⑤ 習

45 보다 : ① 特 ② 應 ③ 歲 ④ 德 ⑤ 觀

제 2영역

語 彙

46-55 다음 한자어(漢字語)의 음(音)은 무엇입니까?

46 月日 : ① 월일 ② 학교 ③ 축제 ④ 국어 ⑤ 월광

47 女子 : ① 남자 ② 경찰 ③ 군인 ④ 여자 ⑤ 남녀

48 父母 : ① 자녀 ② 부모 ③ 조부 ④ 자매 ⑤ 형제

49 火力 : ① 수력 ② 발전 ③ 화력 ④ 발표 ⑤ 발광

50 少年 : ① 청년 ② 소년 ③ 노년 ④ 광년 ⑤ 중년

51 十萬 : ① 백만 ② 일천 ③ 십만 ④ 십억 ⑤ 십조

52 友情 : ① 연정 ② 우의 ③ 우정 ④ 연결 ⑤ 우애

53 建物 : ① 건축 ② 건물 ③ 동물 ④ 축대 ⑤ 실물

54 英國 : ① 미국 ② 일본 ③ 영국 ④ 독일 ⑤ 중국

55 感動 : ① 감격 ② 운동 ③ 공동 ④ 감소 ⑤ 감동

56-60 다음 한자어(漢字語)의 뜻은 무엇입니까?

56 日月 : ① 더운 여름

② 추운 겨울

③ 해와 달

④ 하늘과 땅

⑤ 높은 하늘

57 父子 : ① 돈 많은 사람

② 어머니와 딸

③ 공부하는 학생

④ 아버지와 아들

⑤ 딸과 아들

58 利用 : ① 물건을 이롭게 쓰거나 쓸모 있게 씀

② 다른 사람을 위해 사용함

③ 화장실을 이용함

④ 백성들이 일함

⑤ 공통으로 씀

59 始作 : ① 일을 마무리지음

② 학교에서 공부함

③ 부모님께 효도함

④ 어떤 일이나 행동의 처음 단계

⑤ 공사를 마침

60 再開 : ① 군대에 감

② 다시 엶

③ 창과 방패

④ 두 나라가 평화롭게 지냄

⑤ 다시 평화가 옴

61-70 다음의 음을 가진 한자어(漢字語)는 무엇입니까?

61 석공 : ① 日月 ② 石工 ③ 土山 ④ 人工 ⑤ 木馬

62 심신 : ① 自身 ② 雨天 ③ 高山 ④ 水力 ⑤ 心身

63 사업 : ① 事業 ② 四業 ③ 土業 ④ 四言 ⑤ 四十

64 평화 : ① 村和 ② 平和 ③ 風化 ④ 平化 ⑤ 老化

65 종가 : ① 宗家 ② 在家 ③ 宗加 ④ 地加 ⑤ 宅家

66 도달 : ① 對答 ② 論理 ③ 電力 ④ 統一 ⑤ 到達

67 망명 : ① 亡命 ② 通話 ③ 下向 ④ 休日 ⑤ 左右

68 반응 : ① 特別 ② 風波 ③ 表現 ④ 反應 ⑤ 政治

69 도덕 : ① 死生 ② 道德 ③ 時間 ④ 誠實 ⑤ 同鄕

70 법률 : ① 幸福 ② 公共 ③ 法律 ④ 君臣 ⑤ 軍人

71-75 다음의 뜻에 해당하는 한자어(漢字語)는 무엇입니까?

71 어떤 대상이나 물건을 소유하고 있는 사람

① 主子 ② 女人 ③ 主人 ④ 女子 ⑤ 主女

72 손으로 하는 공예

① 母子 ② 人口 ③ 木手 ④ 木工 ⑤ 手工

73 사람이 살고 있는 모든 세계

① 世上 ② 元日 ③ 世三 ④ 元一 ⑤ 臣下

74 낮 12시

① 來一 ② 正午 ③ 來日 ④ 正五 ⑤ 正來

75 물질적으로나 정신적으로 보탬이 됨

① 利益 ② 樂曲 ③ 利異 ④ 樂技 ⑤ 曲調

제 3영역   讀 解

76-78 다음 문장에서 밑줄 친 한자어(漢字語)의 음은 무엇입니까?.

76 우리는 世上에서 살고 있다.

① 고상 ② 이땅 ③ 육지 ④ 세상 ⑤ 현실

77 요즘 우리 사회는 失業이 큰 사회 문제 가운데 하나가 되었다.

① 실업 ② 실수 ③ 휴업 ④ 파업 ⑤ 태업

78 서구화의 영향으로 우리 나라 사람들도 肉食을 자주하게 되었다.

① 폭식 ② 채식 ③ 육식 ④ 소식 ⑤ 과식

79-83 다음 문장에서 밑줄 친 한자어(漢字語)의 뜻풀이로 적절한 것은 어느 것입니까?

79 친구가 長文의 편지를 보내 왔다.

① 길게 지은 글

② 짧게 지은 글

③ 아름다운 글

④ 화려한 글

⑤ 논리적인 글

80 고사성어는 由來가 있는 사자성어이다.

① 까닭

② 느끼는 바가 있음

③ 은혜와 공도

④ 해학과 교훈

⑤ 어떤 일이 거쳐온 내력

81 최영 장군은 고려 말기의 武人이다.

① 군사상의 힘

② 글을 짓는 사람

③ 물건을 만드는 사람

④ 무예를 닦는 사람

⑤ 정치를 하는 사람

82 겨울철에는 室內 활동을 많이 하게 된다.

① 방 안

② 특별히 따로 마련된 방

③ 실제로 행함

④ 음식을 먹는 일

⑤ 사람의 몸

83 <u>果實</u>이 열리는 나무를 유실수라고 한다.

  ① 원인과 결과

  ② 나무의 싹

  ③ 나무에 피는 꽃

  ④ 나무의 잎

  ⑤ 먹을 수 있는 나무의 열매

84-88 다음 문장에서 빈 칸에 들어갈 가장 적절한 한자어(漢字語)는 어느 것입니까?

84 우리는 조상들이 물려준 문화재를 □□하는 데 힘써야 한다.

  ① 天下 ② 保全 ③ 見學 ④ 人命 ⑤ 山林

85 환경 □□를 위해 우리는 청소를 했다

  ① 東洋 ② 原色 ③ 美化 ④ 事由 ⑤ 玉石

86 암산은 머릿속으로 하는 □□이다.

  ① 對答 ② 所聞 ③ 夫婦 ④ 雪景 ⑤ 計算

87 큰 형은 공모전에 입상하여 □□을 받았다.

  ① 賞金 ② 未達 ③ 開放 ④ 選手 ⑤ 引上

88 성적을 향상시키기 위해서는 예습과 □□을 잘해야 한다.

  ① 案內 ② 耳目 ③ 先生 ④ 復習 ⑤ 實力

89-90 다음 글을 읽고 물음에 답하시오.

> 먼지와 자동차 매연으로 뒤덮인 서울 시내에서 연못을 찾으려면 어디로 가야 할까? 그것도 자연친화적인 생태 연못이라면? 아니, 무엇보다 복잡한 도심 한복판에서 아이들이 송사리 담긴 맑은 물을 손으로 떠올리고 소금쟁이와 장구애비가 물 속으로 곤두박질하는 모습을 지켜본다는 게 과연 ⓐ<u>가능</u>하기나 한 걸까? 하지만 지금 그런 소중한 혜택을 학교 안마당에서 매일 누리고 있는 아이들이 있다. (중략)
>
> 특히 이날은 교내 ⓑ<u>生物</u>실에서 곤충 전시회가 열리는 첫날이라, 전시장에는 물방개와 장구애비, 게아재비, 물땅땅이 등 각종 수서 곤충과 사슴벌레 장수풍뎅이 등의 곤충류가 전시되고 있었다.

89 ⓐ '가능' 을 한자로 바르게 쓴 것은?

  ① 可爲 ② 句爲 ③ 句能 ④ 可能 ⑤ 加能

90 ⓑ '生物' 을 바르게 읽은 것은?

  ① 식물 ② 곤충 ③ 생물 ④ 동물 ⑤ 축물

제 1영역 漢字

01-03 다음 한자(漢字)의 부수(部數)는 무엇입니까?

01 魚 : ① 灬 ② 丶 ③ 田 ④ 魚 ⑤ 由

02 兵 : ① 八 ② 斤 ③ 丘 ④ 一 ⑤ 二

03 注 : ① 三 ② 王 ③ 主 ④ 氵 ⑤ 一

04-05 다음 한자(漢字)는 모두 몇 획입니까?

04 果 : ① 4 ② 5 ③ 6 ④ 7 ⑤ 8

05 男 : ① 4 ② 5 ③ 6 ④ 7 ⑤ 8

06-07 다음 그림에 해당하는 한자는 무엇입니까?

06 ① 江 ② 京 ③ 林 ④ 非 ⑤ 反

07 ① 册 ② 再 ③ 宅 ④ 至 ⑤ 香

08-17 다음 한자(漢字)의 음(音)은 무엇입니까?

08 行 : ① 행 ② 척 ③ 리 ④ 가 ⑤ 광

09 土 : ① 사 ② 성 ③ 지 ④ 항 ⑤ 토

10 川 : ① 수 ② 천 ③ 내 ④ 강 ⑤ 세

11 自 : ① 교 ② 선 ③ 자 ④ 백 ⑤ 목

12 萬 : ① 석 ② 면 ③ 매 ④ 녀 ⑤ 만

13 男 : ① 실 ② 수 ③ 용 ④ 전 ⑤ 남

14 業 : ① 총 ② 업 ③ 파 ④ 입 ⑤ 유

15 靑 : ① 정 ② 청 ③ 창 ④ 장 ⑤ 능

16 都 : ① 담 ② 도 ③ 당 ④ 부 ⑤ 자

17 談 : ① 담 ② 염 ③ 화 ④ 람 ⑤ 군

18-27 다음 음(音)을 가진 한자는 무엇입니까?

18 과 : ① 東 ② 果 ③ 力 ④ 水 ⑤ 立

19 공 : ① 父 ② 利 ③ 工 ④ 羊 ⑤ 夕

20 우 : ① 牛 ② 車 ③ 女 ④ 文 ⑤ 心

21 주 : ① 法 ② 主 ③ 五 ④ 天 ⑤ 火

22 목 : ① 馬 ② 長 ③ 足 ④ 羊 ⑤ 目

23 건 : ① 建 ② 次 ③ 眞 ④ 季 ⑤ 交

24 초 : ① 肉 ② 因 ③ 色 ④ 南 ⑤ 初

25 충 : ① 草 ② 齒 ③ 料 ④ 充 ⑤ 用

26 결 : ① 考 ② 比 ③ 銀 ④ 要 ⑤ 決

27 길 : ① 場 ② 算 ③ 旅 ④ 吉 ⑤ 富

28-36 다음 한자(漢字)의 뜻은 무엇입니까?

28 口 : ① 입 ② 눈 ③ 귀 ④ 코 ⑤ 눈썹

29 手 : ① 발 ② 손 ③ 머리 ④ 얼굴 ⑤ 허리

30 月 : ① 물 ② 해 ③ 산 ④ 달 ⑤ 별

31 王 : ① 신하 ② 왕비 ③ 선비 ④ 부하 ⑤ 임금

32 市 : ① 시장 ② 수건 ③ 마당 ④ 우물 ⑤ 빨래터

33 兄 : ① 삼촌　②형　③가족
　　　④동생　⑤이모

34 步 : ①창　②화살　③쉬다
　　　④방패　⑤걸음

35 番 : ①밭　②기후　③차례
　　　④병사　⑤계절

36 報 : ①많다　②이롭다　③보다
　　　④갚다　⑤주다

37-45 다음의 뜻을 가진 한자(漢字)는 무엇입니까?

37 나무 : ①山　②木　③水　④火　⑤大
38 눈 　: ①人　②目　③老　④面　⑤馬
39 저녁 : ①子　②自　③夕　④高　⑤玉
40 서다 : ①長　②川　③田　④立　⑤日
41 바깥 : ①能　②則　③世　④西　⑤外
42 없다 : ①無　②北　③季　④全　⑤科
43 차례 : ①兵　②師　③奉　④序　⑤性
44 사이 : ①間　②究　③每　④雲　⑤醫
45 묻다 : ①對　②祝　③仕　④問　⑤植

제 2영역	語　彙

46-55 다음 한자어(漢字語)의 음(音)은 무엇입니까?

46 女子 : ①부자 ②여자 ③소녀 ④남자 ⑤여성
47 大木 : ①목재 ②대목 ③삼림 ④장목 ⑤침목
48 日月 : ①금토 ②반월 ③일출 ④일월 ⑤명월
49 火山 : ①화산 ②수산 ③산수 ④월산 ⑤변산
50 外家 : ①내외 ②외가 ③귀가 ④외숙 ⑤외척
51 東西 : ①동남 ②남서 ③수시 ④소수 ⑤동서

52 政爭 : ①전쟁 ②정정 ③추정 ④정쟁 ⑤전투
53 習俗 : ①습기 ②수확 ③욕망 ④습속 ⑤습작
54 清算 : ①정보 ②청산 ③한파 ④진피 ⑤정파
55 孝親 : ①양친 ②효험 ③효친 ④호리 ⑤효신

56-65 다음의 음(音)을 가진 한자어(漢字語)는 무엇입니까?

56 고산 : ①人力 ②大王 ③土山 ④主人 ⑤高山
57 장족 : ①老人 ②長足 ③火田 ④石女 ⑤女人
58 내각 : ①內角 ②四七 ③言外 ④六則 ⑤來日
59 의사 : ①意氣 ②出師 ③耳士 ④醫師 ⑤失明
60 정찰 : ①正價 ②正直 ③意念 ④精察 ⑤重參
61 관광 : ①觀光 ②流行 ③年歲 ④上席 ⑤高官
62 등교 : ①多少 ②生産 ③自首 ④省察 ⑤登校
63 부부 : ①思想 ②夫婦 ③始初 ④注油 ⑤食單
64 세수 : ①信念 ②放學 ③洗手 ④出發 ⑤山城
65 이익 : ①衣服 ②線路 ③所有 ④利益 ⑤市場

66-70 다음 한자어(漢字語)의 뜻은 무엇입니까?

66 長子 : ①맏아들
　　　　②긴 외투
　　　　③둘째 아들
　　　　④어른과 아이
　　　　⑤효성스러운 아들

67 心身 : ①심장
　　　　②병든 몸
　　　　③마음과 몸
　　　　④건강한 몸
　　　　⑤건전한 정신

68 古今 :　① 옛날과 지금

　　　　　② 오래된 거문고

　　　　　③ 옛날이야기

　　　　　④ 낡고 오래된 집

　　　　　⑤ 오래전에 사라져 버림

69 平等 :　① 높지 않은 산

　　　　　② 사람을 기다림

　　　　　③ 누구에게나 주어지는 권리

　　　　　④ 차별 없이 고르고 한결같음

　　　　　⑤ 물이 스며들거나 넘치는 것을 막음

70 敬禮 :　① 윗사람에게 복종함

　　　　　② 조상에게 제사 지냄

　　　　　③ 다른 사람의 어버이를 존경함

　　　　　④ 공경의 뜻을 나타내기 위해 인사
　　　　　　 하는 일

　　　　　⑤ 예의에 관한 절차나 질서

71-75 **다음의 뜻에 해당하는 한자어(漢字語)는 무엇
입니까?**

71 나무로 말의 모양을 깎아 만든 물건

　　① 木手 ② 大門 ③ 主人 ④ 木馬 ⑤ 玉石

72 주로 실내에서 보고 즐기는 관상용의 자연석

　　① 母心 ② 水石 ③ 大老 ④ 父子 ⑤ 老母

73 빛이나 광택이 없음

　　① 名色 ② 有光 ③ 百世 ④ 成市 ⑤ 無光

74 문제의 해답

　　① 答案 ② 圖畵 ③ 育成 ④ 安養 ⑤ 養育

75 어떤 일을 이루고자 하는 마음

　　① 片言 ② 反省 ③ 治安 ④ 意志 ⑤ 理想

제 3영역　　**讀 解**

76-78 **다음 문장에서 밑줄 친 한자어(漢字語)의 음
(音)은 어느 것입니까?**

76 할아버지집은 오래된 <u>古家</u>이다.

　　① 생가 ② 고가 ③ 대가 ④ 호가 ⑤ 구가

77 호영이는 학습 <u>能力</u>이 우수하다는 칭찬을 자
주 듣는다.

　　① 능력 ② 실력 ③ 체력 ④ 달력 ⑤ 수력

78 <u>不法</u>으로 돈을 버는 것은 옳지 않은 행동이다.

　　① 폭력 ② 비법 ③ 합법 ④ 적법 ⑤ 불법

79-83 **다음 문장에서 밑줄 친 한자어(漢字語)의
뜻풀이로 적절한 것은 어느 것입니까?**

79 친구 호섭이가 등교 길에 <u>事故</u>를 당했다.

　　① 길을 떠남

　　② 따로 엮어 만든 책

　　③ 뜻밖에 일어난 사건

　　④ 내용이 알차고 단단함

　　⑤ 뜻밖의 횡재

80 수력 발전은 물이 떨어지는 높이의 차를 <u>利用</u>
하여 전기를 일으킨다.

　　① 씩씩하고 굳센 기운

　　② 갔다가 돌아옴

　　③ 향하거나 나아가는 쪽

　　④ 새로 생각해 내거나 만들어 냄

　　⑤ 이롭게 쓰거나 쓸모 있게 씀

81 여행은 <u>見聞</u>을 넓힐 수 있는 좋은 기회가 된다.

　　① 보고 들음

② 글을 지음, 또는 그 글

③ 일이 없음

④ 분명하고 뚜렷함

⑤ 실제의 업무

82 <u>曲線</u> 차도에서는 속도를 낮추어야 한다.

① 전기가 통하는 금속선

② 좁은 길

③ 곧게 뻗은 길

④ 굽은 선

⑤ 첫머리

83 <u>過去</u>의 실수는 반복하지 않아야 한다.

① 잘못이나 허물

② 아직 오지 않은 때

③ 지나간 때

④ 더할 수 없이 큼

⑤ 변명할 자료

89-90 **다음 글을 읽고 물음에 답하시오.**

독일 정부, ㉠<u>議會</u>, 교회 지도자들도 이날 나치의 만행을 시인하면서 독일국민들에게 과거로부터 ㉡<u>교훈</u>을 얻어야 할 것이라고 촉구했다. 헬무트 콜 총리는 "아우슈비츠는 민족 차별적 광기에 사로잡힌 국가사회주의 사상의 상징이며 그 끔직한 죄상은 역사상 전례를 찾아볼 수 없을 정도"라며, "젊은 세대들에게 교훈을 전달하여, 이 같은 일이 되풀이 되지 않도록 하는 것이 우리의 최대 책무"라고 말했다.

89 ㉠'議會'의 독음이 바른 것은?

① 민회 ② 사회 ③ 의회 ④ 국회 ⑤ 총회

90 ㉡'교훈'의 한자 표기가 바른 것은?

① 校訓 ② 敎訓 ③ 校話 ④ 敎話 ⑤ 交訓

84-88 다음 문장에서 빈 칸에 들어갈 가장 적절한 한자어(漢字語)는 어느 것입니까?

84 □□ 시간에 한국의 가곡을 배웠다.

① 國王 ② 江山 ③ 音樂 ④ 君子 ⑤ 先祖

85 우리 삼촌은 □□운전자이다.

① 風俗 ② 野生 ③ 決定 ④ 失神 ⑤ 初步

86 우리 가족은 여름마다 □□을 간다.

① 感動 ② 旅行 ③ 大吉 ④ 死別 ⑤ 備品

87 인간 관계에서는 □□을 잘 지켜야 한다.

① 信議 ② 完成 ③ 禮節 ④ 植木 ⑤ 是非

88 우리 반은 □□ 순서대로 앉는다.

① 收集 ② 直線 ③ 建設 ④ 番號 ⑤ 太陽

p32 연습문제 1

01 ①	02 ②	03 ⑤	04 ③	05 ②	06 ①	07 ⑤	08 ④	09 ②	10 ④
11 ①	12 ⑤	13 ④	14 ①	15 ③	16 ①	17 ④	18 ②	19 ⑤	20 ①
21 ⑤	22 ②	23 ②	24 ③	25 ④	26 ⑤	27 ①	28 ②	29 ①	30 ①
31 ①	32 ③	33 ②	34 ④	35 ⑤	36 ④	37 ②	38 ①	39 ③	40 ①

p44 연습문제 2

01 ②	02 ⑤	03 ③	04 ③	05 ⑤	06 ②	07 ④	08 ①	09 ⑤	10 ③
11 ③	12 ①	13 ③	14 ⑤	15 ①	16 ①	17 ②	18 ⑤	19 ③	20 ⑤
21 ④	22 ⑤	23 ①	24 ③	25 ⑤	26 ③	27 ③	28 ①	29 ⑤	30 ④
31 ①	32 ②	33 ⑤	34 ②	35 ①	36 ④	37 ②	38 ⑤	39 ③	40 ①

p56 연습문제 3

01 ⑤	02 ③	03 ④	04 ⑤	05 ③	06 ④	07 ③	08 ⑤	09 ③	10 ④
11 ④	12 ③	13 ②	14 ①	15 ②	16 ④	17 ⑤	18 ①	19 ③	20 ②
21 ⑤	22 ③	23 ④	24 ②	25 ⑤	26 ④	27 ⑤	28 ①	29 ④	30 ③
31 ③	32 ②	33 ①	34 ③	35 ⑤	36 ⑤	37 ①	38 ③	39 ④	40 ②

p68 연습문제 4

01 ⑤	02 ②	03 ④	04 ③	05 ①	06 ⑤	07 ②	08 ②	09 ②	10 ⑤
11 ④	12 ④	13 ⑤	14 ②	15 ③	16 ⑤	17 ③	18 ④	19 ②	20 ②
21 ④	22 ②	23 ②	24 ⑤	25 ①	26 ④	27 ④	28 ⑤	29 ①	30 ①
31 ⑤	32 ①	33 ③	34 ②	35 ③	36 ②	37 ⑤	38 ②	39 ③	40 ①

p80 연습문제 5

01 ①	02 ④	03 ⑤	04 ①	05 ③	06 ②	07 ⑤	08 ④	09 ①	10 ②
11 ⑤	12 ②	13 ③	14 ③	15 ⑤	16 ⑤	17 ①	18 ④	19 ⑤	20 ③
21 ②	22 ③	23 ②	24 ④	25 ①	26 ⑤	27 ①	28 ④	29 ①	30 ⑤
31 ③	32 ⑤	33 ②	34 ⑤	35 ③	36 ①	37 ③	38 ②	39 ①	40 ⑤

p92 연습문제 6

01 ③	02 ④	03 ④	04 ①	05 ⑤	06 ①	07 ④	08 ④	09 ⑤	10 ④
11 ③	12 ③	13 ②	14 ⑤	15 ②	16 ②	17 ④	18 ⑤	19 ②	20 ②
21 ⑤	22 ⑤	23 ④	24 ③	25 ④	26 ①	27 ④	28 ④	29 ④	30 ③
31 ①	32 ③	33 ②	34 ④	35 ⑤	36 ④	37 ②	38 ⑤	39 ③	40 ④

p104 연습문제 7

01 ②	02 ④	03 ③	04 ⑤	05 ①	06 ③	07 ④	08 ⑤	09 ①	10 ③
11 ②	12 ⑤	13 ②	14 ④	15 ①	16 ②	17 ②	18 ④	19 ③	20 ③
21 ④	22 ④	23 ④	24 ⑤	25 ①	26 ③	27 ⑤	28 ①	29 ④	30 ③
31 ①	32 ②	33 ③	34 ④	35 ⑤	36 ②	37 ③	38 ③	39 ⑤	40 ③

p116 연습문제 8

01 ③	02 ①	03 ④	04 ①	05 ③	06 ⑤	07 ②	08 ③	09 ④	10 ⑤
11 ④	12 ③	13 ③	14 ⑤	15 ②	16 ①	17 ③	18 ⑤	19 ⑤	20 ③
21 ②	22 ①	23 ③	24 ②	25 ③	26 ⑤	27 ④	28 ⑤	29 ②	30 ③
31 ①	32 ②	33 ④	34 ⑤	35 ①	36 ④	37 ③	38 ⑤	39 ①	40 ②

p128 연습문제 9

01 ⑤	02 ③	03 ②	04 ④	05 ⑤	06 ①	07 ⑤	08 ①	09 ④	10 ④
11 ②	12 ①	13 ⑤	14 ③	15 ②	16 ⑤	17 ①	18 ②	19 ③	20 ①
21 ③	22 ①	23 ③	24 ④	25 ④	26 ④	27 ①	28 ③	29 ④	30 ⑤
31 ②	32 ⑤	33 ②	34 ①	35 ④	36 ③	37 ⑤	38 ③	39 ②	40 ①

p132 기출문제 1

01 ③	02 ①	03 ⑤	04 ②	05 ③	06 ⑤	07 ①	08 ①	09 ⑤	10 ③
11 ③	12 ①	13 ②	14 ④	15 ③	16 ①	17 ③	18 ③	19 ④	20 ①
21 ②	22 ⑤	23 ②	24 ①	25 ④	26 ⑤	27 ③	28 ②	29 ①	30 ④
31 ⑤	32 ②	33 ③	34 ④	35 ⑤	36 ④	37 ③	38 ②	39 ⑤	40 ④
41 ②	42 ④	43 ②	44 ③	45 ⑤	46 ①	47 ④	48 ②	49 ③	50 ②
51 ③	52 ②	53 ②	54 ③	55 ⑤	56 ③	57 ④	58 ①	59 ④	60 ②
61 ②	62 ⑤	63 ①	64 ②	65 ①	66 ⑤	67 ①	68 ④	69 ②	70 ②
71 ③	72 ⑤	73 ①	74 ②	75 ①	76 ④	77 ①	78 ③	79 ①	80 ⑤
81 ④	82 ①	83 ⑤	84 ②	85 ③	86 ⑤	87 ①	88 ④	89 ④	90 ③

p136 기출문제 2

01 ④	02 ①	03 ④	04 ⑤	05 ④	06 ③	07 ①	08 ①	09 ⑤	10 ②
11 ③	12 ⑤	13 ⑤	14 ②	15 ②	16 ②	17 ①	18 ②	19 ③	20 ①
21 ②	22 ⑤	23 ①	24 ⑤	25 ④	26 ⑤	27 ④	28 ①	29 ②	30 ④
31 ⑤	32 ①	33 ②	34 ⑤	35 ③	36 ④	37 ②	38 ②	39 ③	40 ④
41 ⑤	42 ①	43 ④	44 ①	45 ④	46 ②	47 ②	48 ④	49 ①	50 ②
51 ⑤	52 ④	53 ④	54 ②	55 ③	56 ⑤	57 ②	58 ①	59 ④	60 ④
61 ①	62 ⑤	63 ②	64 ④	65 ④	66 ①	67 ③	68 ①	69 ④	70 ④
71 ④	72 ②	73 ⑤	74 ①	75 ④	76 ②	77 ①	78 ⑤	79 ③	80 ⑤
81 ①	82 ④	83 ③	84 ③	85 ⑤	86 ②	87 ③	88 ④	89 ③	90 ②

강유경 저 | 18,000원

일사천리 상공회의소
한자시험 3급 기본서

이 책은 각 급별로 한자를 분류하고, 출제 비중이 높은 영역을 유형별로 정리하여, 문제 유형에 걸맞은 학습 요소를 집중적으로 학습하도록 구성하였다. 또한 각 페이지마다 배운 한자를 외워서 써 볼 수 있도록 하였고, 배운 한자어로 문장을 완성하도록 하였으며, 24자 학습 후에는 실력을 점검할 수 있도록 연습문제를 배치하여 복습에 만전을 기하였다.

그리고 각 해당 한자의 훈·음은 물론 해당 한자의 학습을 돕기 위해 제시한 모든 한자어의 한자에도 훈·음을 보여주는 구성으로 사전 없이 이 책 한권으로 시험에 완벽하게 대비할 수 있도록 하였다.

강유경 저 | 12,000원

일사천리 상공회의소
한자시험 실전모의고사 3급

부록으로 한자의 기초 이론과 성실한 해설을 담은 해설집이 준비되어 있다.

상공회의소 한자 검정시험의 문제 유형을 그대로 적용하여 실전 연습이 가능하도록 하였으며, 부록으로 준비된 해설집에는 문제집에 사용된 모든 한자의 훈과 음을 표시하여 일일이 사전을 찾지 않아도 편하게 학습할 수 있도록 구성하였다.

일사천리 상공회의소
한자시험 2급 기본서

강유경 저 | 19,800원

대한상공회의소 한자시험의 검정기준에 대비하기 위한 고급기본서2급이다. 이 책에는 4급~2급까지의 배정한자가 실어있다.

상공회의소 한자 급수 시험에 맞게 구성한 이 책은 각 급별로 한자를 분류한 것은 물론, 각 급의 문제 유형에 걸맞은 학습 요소를 집중적으로 학습하도록 되어 있다.

무엇보다 이 책의 가장 큰 강점은 각 한자의 훈·음은 물론 한자어를 이룬 다른 한자의 훈·음까지 보여주어 자전이 필요하지 않다는 것이다. 앞에 나왔던 한자나 모르는 한자가 나왔을 경우 자전을 찾아야 하는 불편함을 해결하여 상공회의소 급수 시험을 완벽하게 대비할 수 있다.

일사천리 상공회의소
한자시험 1급 기본서

강유경 저 | 21,000원

대한 상공회의소의 한자 검정 시험이 대폭 바뀐 기준을 완벽하게 반영한 최신판이며 본문 내용을 세밀하고 정확하게 하나도 빠짐없이 수록 했다. 각 페이지마다 "이 한자를 기억해요?"를 실어 앞쪽에서 배운 한자를 복습하고 넘어갈 수 있도록 하였다. 100자씩 학습할 때마다 총 정리를 할 수 있는 연습문제 32회와 기출문제 2회를 수록하여 문제집이 별도로 필요 없는 기본서이다. '사전이 필요 없는' 시리즈의 가장 큰 강점은 각 한자의 훈과 음은 물론 한자어를 이룬 다른 한자의 훈과 음까지 보여주어 자전 없이 학습할 수 있다는 것이다. 등장하는 모든 한자의 음과 훈을 그때그때 확인할 수 있다는 것은 한자 시험을 준비하는 수험생의 입장에서는 상당히 큰 장점이다.